O OURIÇO E A RAPOSA

Isaiah Berlin

O OURIÇO E A RAPOSA

Um ensaio sobre a concepção
de história de Tolstói

Organização de Henry Hardy
Prefácio de Michael Ignatieff
Tradução de Denise Bottmann

1ª edição

CIVILIZAÇÃO BRASILEIRA
Rio de Janeiro
2025

Publicado originalmente na Grã-Bretanha em 1953 por Weidenfeld
& Nicolson. Tradução realizada a partir da segunda edição,
publicada em 2014 pela Phoenix.

Título original: *The Hedgehog And The Fox*
Diagramação: Abreu's System
Capa: Leticia Quintilhano

A editora agradece a Bruno Barretto Gomide pela colaboração
no estabelecimento dos nomes russos.

Texto revisado segundo o Acordo Ortográfico da Língua Portuguesa de 1990.

Direitos desta edição adquiridos pela
EDITORA CIVILIZAÇÃO BRASILEIRA
Um selo da
EDITORA JOSÉ OLYMPIO LTDA.
Rua Argentina, 171 – 3º andar – São Cristóvão
Rio de Janeiro, RJ – 20921-380
Tel.: (21) 2585-2000.

CIP-BRASIL. CATALOGAÇÃO NA PUBLICAÇÃO
SINDICATO NACIONAL DOS EDITORES DE LIVROS, RJ

B441o
Berlin, Isaiah, 1909-1997
O ouriço e a raposa: um ensaio sobre a concepção de história de Tolstói/ Isaiah Berlin; organização Henry Hardy ; prefácio de Michael Ignatieff; tradução Denise Bottmann. – 1. ed. – Rio de Janeiro : Civilização Brasileira, 2025.

Tradução de: The hedgehog and the fox : an essay on Tolstoy's view of history
ISBN 978-65-5802-186-5

1. História – Filosofia. 2. Tolstoi, Leão, graf, 1828-1910 – Crítica e interpretação. 3. Tolstoi, Leão, graf, 1828-1910 – Visão política e social. I. Hardy, Henry. II. Ignatieff, Michael. III. Bottmann, Denise. IV. Título.

CDD: 891.733
25-96414 CDU: 821.161.1.09

Meri Gleice Rodrigues de Souza – Bibliotecária – CRB-7/6439

Em memória de Jasper Ridley

SUMÁRIO

PREFÁCIO

Michael Ignatieff

Vale a pena tentar entender por que esse ensaio extraordinário, inicialmente apresentado como uma preleção em Oxford, depois publicado numa obscura revista de estudos eslavos em 1951, então reeditado com outro título em 1953, tem gozado de sólida e resistente permanência. Junto com "Dois conceitos de liberdade",[1] a distinção entre o ouriço e a raposa vem mostrando uma longa fecundidade, sendo utilizada de maneiras que Berlin jamais teria pretendido ou imaginado. O que nasceu como uma piada interna no final dos anos 1930 – um estudante de Oxford lhe

---

1 Disponível em duas coletâneas de Berlin: *The Proper Study of Mankind: An Anthology of Essays*, org. Henry Hardy e Roger Hausheer (Londres, 1997: Chatto and Windus; Nova York, 1998: Farrar, Straus and Giroux; 2ª ed., Londres, 2013: Vintage), e *Liberty*, org. Henry Hardy (Oxford, 2002: Oxford University Press).

apresentou a frase de sentido bruxuleante e misterioso no original grego, e Isaiah passou a dividir os amigos entre ouriços e raposas[1] - Berlin então converteu na percepção estruturadora de um grande ensaio sobre Tolstói. Agora o texto ingressou na cultura como uma forma de classificar as pessoas que nos cercam e de pensar duas orientações básicas em relação à própria realidade.

A questão não é apenas que a raposa sabe muitas coisas. A raposa aceita que consegue apenas saber muitas coisas e que a unidade da realidade há sempre de lhe escapar. A característica central das raposas é que elas se reconciliam com os limites do que sabem. Como diz Berlin: "Somos parte de um esquema de coisas maior do que conseguimos entender. [...] Nós mesmos vivemos nesse e por esse todo, e temos sabedoria somente na medida em que fazemos as pazes com essa limitação".[2]

Um ouriço não fará as pazes com o mundo. Não se reconcilia. Não consegue aceitar que apenas sabe muitas coisas, ele busca saber só uma grande coisa e se esforça incessantemente em dar à realidade uma forma unificadora. As raposas se satisfazem com o que

---

1 Michael Ignatieff, *Isaiah Berlin: A Life* (Londres, 1998: Chatto and Windus; Nova York, 1998: Metropolitan; 2ª ed., Pushkin Press, 2023), 215-16. [Ed. bras.: *Isaiah Berlin: uma vida* (Rio de Janeiro, 2000: Record).]
2 134 abaixo.

sabem e podem levar uma vida feliz. Os ouriços não se satisfazem e podem ter uma vida que não é feliz.

Todos nós, sugere Berlin, temos dentro de nós elementos tanto da raposa quanto do ouriço. O ensaio é um retrato inigualado dessa divisão interna humana. Somos criaturas fendidas e temos de escolher se aceitamos a incompletude do nosso conhecimento ou persistimos em querer a certeza e a verdade. Só os mais resolutos recusarão se satisfazer com o que a raposa sabe e persistirão querendo as certezas do ouriço.

O ensaio, em outras palavras, se mostra duradouro porque não se refere apenas a Tolstói - refere-se a todos nós. Podemos nos reconciliar com o nosso "senso de realidade"[1] - aceitá-la como ela é, viver a vida como a temos - ou podemos ansiar por uma verdade unitária e mais fundamental para além das aparências, uma verdade que explicará ou reconfortará.[2]

Berlin traçou um contraste entre esse anseio pela verdade unitária e o senso de realidade de uma raposa. Tinha a inflexível convicção de que mesmo o conhecimento de uma raposa podia ser claro e sólido dentro dos seus limites. Não estamos num nevoeiro.

---

1 84, 121, 123, 130, 142, 148, 170 abaixo.

2 Ver também Berlin, "The Sense of Reality" (Preleção Elizabeth Cutter Morrow, Smith College, 1953), na sua coletânea de mesmo título, org. Henry Hardy (Londres, 1996: Chatto and Windus; Nova York, 1996: Farrar, Straus and Giroux; 2ª ed., Princeton, 2019: Princeton University Press).

Podemos saber, podemos aprender, podemos formular juízos morais. O conhecimento científico é claro. O que ele discutia é se a ciência ou a razão consegue nos fornecer uma certeza final que chegue ao cerne da realidade. Nós, na maioria, satisfazemo-nos com isso. Sabedoria, escreve Berlin, não é se render à ilusão, mas sim aceitar o "meio inalterável em que agimos", "as relações permanentes entre as coisas", "a textura universal da vida humana".[1] Isso podemos saber não tanto pela ciência ou pelo raciocínio, mas chegando a um acordo com o que *é*. O próprio Berlin, nos seus últimos anos, atingiu essa espécie de serenidade. Parecia se radicar na aceitação e reconciliação imbuídas no seu senso de realidade.[2]

Uns poucos seletos recusam chegar a um acordo com a realidade. Recusam se submeter, e procuram - seja pela arte ou pela ciência, pela matemática ou pela filosofia - atravessar as múltiplas coisas díspares que as raposas sabem, para chegar a uma certeza central que tudo explica. Karl Marx era uma figura dessas, o ouriço mais implacável de todos.

A grandeza dos ouriços consiste em recusarem as nossas limitações. A tragédia deles é que, ao fim e ao cabo, não conseguem se reconciliar com elas. Tolstói

---

1 127-9 abaixo.

2 Ver o meu "Berlin in Autumn", reed. in Henry Hardy (org.), *The Book of Isaiah: Personal Impressions of Isaiah Berlin* (Woodbridge, 2009: Boydell).

descartava implacavelmente toda e qualquer doutrina disponível da verdade, fosse religiosa ou secular, mas, mesmo assim, não conseguia abandonar a convicção de que, se conseguisse superar as suas próprias limitações, seria possível captar alguma verdade última. "O senso de realidade de Tolstói foi, até o fim, devastador demais para ser compatível com qualquer ideal moral que lhe fosse possível construir a partir das lascas em que o seu intelecto fragmentara o mundo."[1] No final, era uma figura de trágica grandeza - "um velho desesperado, para além do auxílio humano, vagueando semicego em Colono"[2] -, incapaz de se pacificar com as irremediáveis limitações da sua própria humanidade.

Este ensaio faz perguntas básicas a todos os que o leiam. O que podemos saber? O que o nosso "senso de realidade" nos diz? Reconciliamo-nos com os limites da visão humana? Ou ansiamos por algo mais? Nesse caso, que certeza podemos ter esperança de alcançar algum dia? Por serem perguntas contínuas da existência humana, este grande ensaio perdurará enquanto as pessoas estiverem em busca de respostas.

---

1 148, abaixo.
2 *Ibid.*

PREFÁCIO DO ORGANIZADOR

Lamento muito ter dado ao meu livro
o nome de O ouriço e a raposa.
Agora preferiria não ter feito isso.
Isaiah Berlin[1]

Este pequeno livro é uma das obras de Isaiah Berlin mais conhecidas e mais amplamente celebradas. A sua história um tanto complicada talvez mereça um breve resumo.

A versão original, mais curta, baseada numa apresentação feita em Oxford, foi ditada (disse o autor) em dois dias e publicada num periódico especializado em 1951, com o título não tão memorável de "Lev

1 Carta a Morton White, 2 de maio de 1955, in Isaiah Berlin, *Building: Letters 1946-1960*, orgs. Henry Hardy e Jennifer Holmes (Londres, 2009: Chatto and Windus), 480. O comentário pode ser sincero, mas a influência intelectual do livro certamente ganhou um significativo reforço com esse título bem apropriado.

Tolstoy's Historical Scepticism".[1] Dois anos depois, pela inspirada sugestão de George Weidenfeld,[2] o ensaio foi reimpresso numa edição revista e ampliada trazendo o seu famoso título atual,[3] tendo como principal acréscimo de duas seções adicionais sobre Tolstói e Maistre, e dedicado à memória do finado amigo do autor, Jasper Ridley (1913-1943), morto dez anos antes, na Segunda Guerra Mundial.

Vinte e cinco anos depois disso, ele foi incluído numa coletânea de ensaios de Berlin sobre pensadores russos do século 19, a qual teve trinta anos depois uma segunda edição, amplamente revista.[4] Saiu também no ano da morte de Berlin numa coletânea retrospectiva, extraída do conjunto da sua obra.[5] Ao longo dos anos, foram feitas várias traduções: a elaboração de uma versão francesa nos meados dos anos

---

1 *Oxford Slavonic Papers* 2 (1951), 17-54.

2 George Weidenfeld (1919-2016), cofundador em 1948 da editora Weidenfeld and Nicolson.

3 *The Hedgehog and the Fox: An Essay on Tolstoy's View of History* (Londres, 1953: Weidenfeld and Nicolson; Nova York, 1954: Simon and Schuster).

4 *Russian Thinkers*, orgs. Henry Hardy e Aileen Kelly (Londres, 1978: Hogarth Press; Nova York, 1978: Viking; 2ª ed., revista por Henry Hardy, Londres etc., 2008: Penguin Classics). [Ed. bras.: *Pensadores russos* (São Paulo, 1988: Companhia das Letras).]

5 *The Proper Study of Mankind: An Anthology of Essays* (p. 9 acima, nota 1).

1950, por Aline Halban,[1] que logo se tornaria a esposa de Berlin, foi a ocasião que lhes propiciou encontros regulares no período anterior ao casamento. Por fim, um texto montado a partir de excertos foi publicado como *Tolstoy and History*.[2] O texto independente completo continuou a ser publicado desde a sua primeira edição, e agora ingressa na fase mais recente da sua história.

Em todas as coletâneas de ensaios de Berlin que editei ou coeditei - isto é, em 1978, 1997 e 2008 -, houve correções no texto e correções e acréscimos nas notas. Também houve o acréscimo de traduções de passagens (algumas bastante longas) em outras línguas que não o inglês. A presente edição do ensaio inclui todas essas e mais algumas revisões.

O que há de novo nesta edição são o prefácio de Michael Ignatieff, biógrafo de Berlin, e o apêndice, que traz (excertos de) cartas que Berlin escreveu sobre

---

1 "Le hérisson et le renard", na edição francesa de *Russian Thinkers - Les Penseurs russes* (Paris, 1984: Albin Michel) - e como volume independente (Paris, 2020: Les Belles Lettres). Houve um atraso de trinta anos na publicação dessa tradução. Em 3 de dezembro de 1954, Berlin escreveu ao amigo Rowland Burdon-Muller: "Aline chegou para continuar a tradução de *The Hedgehog and the Fox*, na qual parece fanaticamente concentrada. Fico lisonjeado, mas me pergunto se algum editor será temerário o suficiente para publicá-la".

2 Londres, 1996: Phoenix.

o ensaio durante e depois da sua redação e publicação, e também (extratos de) resenhas da época e comentários posteriores.

O livro recebeu resenhas entusiásticas ao ser lançado e se tornou um objeto importante de crítica literária. A distinção de Berlin entre o ouriço monista e a raposa pluralista, assim como a sua celebração da "madeira torta da humanidade" de Kant,[1] ingressou no vocabulário da cultura moderna. É invocada com tanta frequência no discurso oral, impresso e on-line que criou uma vida própria irrastreável, inspirando (entre muitas outras coisas) uma paródia de John Bowle em *Punch* (reproduzida no apêndice).

Com a remontagem da nova edição, a paginação é diferente das várias edições anteriores. Isso causará alguns inconvenientes aos leitores que tentarem acompanhar as referências naquelas edições. Por isso, postei uma lista de correspondências entre as edições, compilada por Nick Hall, em <http://berlin.wolf.ox.ac.uk/published_works/hf/concordance.html>, de forma que as referências a uma determinada edição podem ser prontamente convertidas em referências a uma outra.

---

1 "Idee zu einer allgemeinen Geschichte in weltbürgerlicher Absicht" (1784), *Kant's gesammelte Schriften* (Berlim, 1900–), viii 23, linha 22. [Ed. bras.: *Ideia de uma história universal de um ponto de vista cosmopolita* (São Paulo, 2010: WMF Martins Fontes).]

As referências às páginas são, na maioria, dadas em numerais simples. As referências a notas (neste volume, salvo outra especificação) são dadas na forma "xxx/x", isto é, "página xxx, nota x".

Cabe um tributo ao amigo de Berlin, Julian Asquith,[1] por quem ele soube do fragmento que deu título ao livro. Sou extremamente grato a Aileen Kelly pela inestimável ajuda com o texto e as referências durante a preparação da primeira edição de *Pensadores russos*. Para a presente edição, agradeço também a Al Bertrand, Edwin Bowie, Quentin Davies (executor literário de John Bowle, pela autorização em republicar a paródia de Bowle), Leofranc Holford-Strevens, Eva Papastratis, John Penney e, em especial, Mary Hardy.

Henry Hardy
Heswall, maio de 2012,
dezembro de 2021, agosto de 2023

1 Julian Edward George Asquith (1916–2011), 2º conde de Oxford e Asquith, que estudou os clássicos no Balliol College, Oxford, 1934–8, foi um administrador colonial britânico.

NOTA DO AUTOR

Agradeço ao professor S. Konovalov e à Clarendon Press pela autorização de reproduzir as partes deste ensaio que saíram originalmente em 1951 com outro título no segundo volume de *Oxford Slavonic Papers*. Fiz uma considerável revisão do texto original e acrescentei duas seções (VI e VII). Quero agradecer ao sr. Richard Wollheim por ler as novas seções e sugerir melhorias e ao sr. S.G. Simmons por me fornecer uma referência valiosa e pelo seu cuidado na publicação da versão anterior.

Oxford, julho de 1953
I.B.

O OURIÇO E A RAPOSA

Uma estranha combinação entre o cérebro de um químico inglês e a alma de um budista indiano.
E.M. de Vogüé[1]

1 "On dirait l'esprit d'un chimiste anglais dans l'âme d'un bouddhiste hindou: se charge qui pourra d'expliquer cet étrange accouplement": *Le Roman russe* (Paris, 1886), 282.

I

Há um verso entre os fragmentos do poeta grego Arquíloco que diz: "A raposa sabe muitas coisas, mas o ouriço sabe só uma grande coisa".[1] Os estudiosos divergem sobre a interpretação correta dessas palavras obscuras, que podem simplesmente significar que a raposa, apesar de toda a sua astúcia, é vencida pela única defesa do ouriço. Mas, tomadas em sentido figurado, as palavras podem servir para produzir um sentido em que marcam uma das diferenças

1 "πόλλ' οἶδ' ἀλώπηξ, ἀλλ' ἐχῖνος ἓν μέγα." Arquíloco, fragmento 201, in M.L. West (org.), *Iambi et elegi graeci ante Alexandrum cantati*, 2ª ed., vol. 1 (Oxford, 1989). [O fragmento foi preservado numa coletânea de provérbios reunida pelo sofista grego Zenóbio (5.68), o qual diz que o verso pode ser tanto de Arquíloco quanto de Homero - West, *op. cit.*, vol. 2 (Oxford, 1992), "Homerus", fragmento 5. Como o metro é iâmbico e não dactílico, a atribuição a Homero possivelmente significa que o verso apareceu no poema épico cômico *Margites* (agora considerado pseudo-homérico), provavelmente escrito depois do poema de Arquíloco.

mais profundas que dividem escritores e pensadores e, talvez, os seres humanos em geral. Pois existe uma grande distância entre aqueles que, de um lado, relacionam tudo com uma concepção central única, um único sistema, mais ou menos coerente ou articulado, em cujos termos entendem, pensam e sentem - um princípio organizador único e universal cujos termos exclusivos conferem significado a tudo o que eles são e dizem -, e aqueles que, de outro lado, buscam múltiplos fins, muitas vezes sem relação entre si e até contraditórios, interligados, se tanto, e somente de maneira prática, por alguma causa psicológica ou fisiológica, sem relação com qualquer princípio moral ou estético. Os últimos carregam vidas, praticam ações e nutrem ideias que são mais centrífugas do que centrípetas; têm um pensamento disperso ou difuso, movendo-se em muitos níveis, agarrando-se à essência de uma ampla variedade de experiências e coisas aquilo que elas são em si mesmas, sem

---

Ver p.ex. C.M. Bowra, "The Fox and the Hedgehog", *Classical Quarterly* 34 (1940), 26-9 (ver 26), artigo reeditado em versão revista in *On Greek Margins*, de Bowra (Oxford, 1970), 59-66 (ver 59), que Berlin evidentemente não conhecia. Seja como for, tem-se a impressão de que poderia ser um provérbio utilizado pelos dois autores, embora, em vista da frequência com que Arquíloco usa referências a animais (sobre isso, ver também 172-173 mais adiante) e em vista da sua forma métrica, seja tentador pensar que foi primeiramente ele a usá-lo.]

procurar, consciente ou inconscientemente, encaixá-las ou excluí-las de qualquer concepção interna unitária imutável, *oniabrangente*, por vezes autocontraditória e incompleta, às vezes fanática. O primeiro tipo de personalidade intelectual e artística pertence aos ouriços, o segundo às raposas; nesse sentido, e sem insistir numa classificação rígida, podemos dizer sem muito medo de cair em contradição que Dante pertence à primeira categoria e Shakespeare à segunda; Platão, Lucrécio, Pascal, Hegel, Dostoiévski, Nietzsche, Ibsen, Proust são, em graus variáveis, ouriços; Heródoto, Aristóteles, Montaigne, Erasmo, Molière, Goethe, Púchkin, Balzac, Joyce são raposas.

É claro que, como todas as classificações ultrassimplificadoras dessa espécie, se forçada, tal dicotomia se torna artificial, escolástica e, em última análise, absurda. Mas, se não é útil para a crítica séria, nem por isso é o caso de rejeitá-la como meramente superficial ou frívola: como todas as distinções que encarnam algum grau de verdade, essa dicotomia fornece um ponto de vista de onde é possível olhar e comparar, um ponto de partida para uma investigação genuína. Assim, não temos qualquer dúvida quanto à violência de contrapor Púchkin a Dostoiévski; de fato, é raro encontrar algum leitor perspicaz que considere que o célebre discurso de Dostoiévski sobre Púchkin, apesar de toda a sua eloquência e profundo sentimento, seja capaz de lançar mais luz sobre o gênio de Púchkin do que sobre o próprio Dostoiévski, justamente porque tal discurso representa de forma deturpada Púchkin - uma arquirraposa, a maior do século 19 - como semelhante a Dostoiévski, que é um puro ouriço; e assim transforma, ou melhor, distorce Púchkin convertendo-o num devotado profeta, num portador de uma mensagem única e universal que era, na verdade, o próprio centro do universo de Dostoiévski, porém extremamente distante das muitas e variadas províncias do gênio proteiforme de Púchkin. Na verdade, não seria absurdo dizer que a literatura russa se estende entre essas duas figuras gigantes - num polo Púchkin, no outro Dostoiévski; e que as características de outros escritores russos, para quem considere útil ou divertido indagar esse tipo de coisa, podem ser em alguma medida determinadas segundo esses dois grandes opostos. Indagar como Gógol, Turguêniev, Tchékhov, Blok se situam em relação a Púchkin e Dostoiévski leva - ou, em todo caso, levou - a críticas fecundas e esclarecedoras. Mas, quando chegamos ao conde Liév Nikoláievitch Tolstói e indagamos tal coisa - indagamos se ele pertence à primeira ou à segunda categoria, se é um monista ou um pluralista, se a sua concepção é una ou múltipla, se ele é de uma única substância ou composto por elementos heterogêneos -, não há nenhuma resposta clara ou imediata. A pergunta, de qualquer forma, não parece plenamente adequada; parece mais aumentar do que dissipar a obscuridade. No entanto, não é a falta de informação que nos detém: Tolstói nos contou a respeito de si e das suas atitudes e concepções mais do que qualquer outro escritor russo, mais, quase, do que qualquer outro escritor europeu. E tampouco a sua arte pode ser qualificada de obscura em qualquer acepção normal do termo: o seu universo não tem cantos escuros, as suas histórias são luminosas como a luz do dia; ele explicou sobre elas e sobre si mesmo, discorreu sobre elas e os métodos com que foram montadas, de modo mais articulado e com maior força, lucidez e ponderação do que qualquer outro escritor. Ele é uma raposa ou um ouriço? O que diremos? Por que é tão curiosamente difícil encontrar a resposta? Ele se parece mais com Shakespeare ou Púchkin do que com Dante ou Dostoiévski? Ou é totalmente diferente de uns e outros, e a pergunta, sendo absurda, é portanto irrespondível? Qual é o misterioso obstáculo com que a nossa investigação parece se deparar?

Não pretendo, neste ensaio, formular uma resposta a essa pergunta, visto que isso envolveria nada menos do que um exame crítico da arte e do pensamento de Tolstói como um todo. Vou me limitar a sugerir que a dificuldade pode decorrer, pelo menos em parte, do fato de que o próprio Tolstói não ignorava esse problema e se empenhou ao máximo em infirmar a resposta. A hipótese que quero propor é que Tolstói era por natureza uma raposa, mas acreditava ser um ouriço; que os seus dotes e realizações eram uma coisa, e as suas crenças e, por conseguinte, a sua interpretação das suas próprias realizações eram outra; e, por conseguinte, os seus ideais o levaram, e levaram aqueles atraídos pelo seu gênio persuasivo, a uma sistemática interpretação equivocada daquilo que ele e outros estavam ou deveriam estar fazendo. Ninguém pode reclamar que ele deixou alguma dúvida entre os leitores sobre as suas ideias a esse respeito: as suas posições sobre o tema permeiam todos os seus escritos discursivos - diários, *obiter dicta* registrados, contos e ensaios autobiográficos, tratados sociais e religiosos, crítica literária, cartas a correspondentes públicos e privados. Mas onde o conflito entre o que ele era e aquilo em que acreditava aparece com maior clareza é na sua concepção da história, à qual são dedicadas algumas das suas páginas mais brilhantes e paradoxais. Este ensaio é uma tentativa de abordar as suas doutrinas históricas, bem como examinar tanto os seus motivos para sustentar as posições que sustenta quanto algumas das suas fontes prováveis. Em suma, é uma tentativa de abordar a posição de Tolstói em relação à história com a mesma seriedade que ele esperava dos seus leitores, embora por uma razão um tanto distinta - pela luz que ela lança sobre um determinado homem de gênio e não sobre o destino de toda a humanidade.

II

A filosofia da história de Tolstói, de modo geral, não tem recebido a atenção que merece, seja como uma concepção intrinsecamente interessante, seja como uma ocorrência na história das ideias ou mesmo como um elemento no desenvolvimento do próprio Tolstói.[1] Os que tratam Tolstói basicamente como romancista às vezes desconsideram as passagens históricas e filosóficas espalhadas em *Guerra e paz*, tomando-as como uma indesejável interrupção da narrativa, como uma lamentável tendência a digressões despropositadas desse grande escritor, porém excessivamente opiniático, como uma metafísica trôpega e caseira de pouco ou nenhum interesse intrínseco, nada artística e totalmente alheia ao propósito e à estrutura da obra de arte como um todo. Turguêniev, que considerava a arte e a personalidade de Tolstói antipáticas, embora em anos posteriores tenha espontânea e generosamente reconhecido o seu gênio literário, liderou o ataque.

1 Para as finalidades deste ensaio, pretendo me restringir quase exclusivamente à explícita filosofia da história contida em *Guerra e paz* e ignorar, por exemplo, *Contos de Sebastopol*, *Os cossacos*, os fragmentos do romance inédito sobre os dezembristas e as reflexões avulsas do próprio Tolstói sobre o tema, exceto quando se baseiam em concepções expressas em *Guerra e paz*.

Em cartas a Pável Annenkov,[1] Turguêniev fala do "charlatanismo" de Tolstói, qualifica as suas investigações históricas de "farsescas", de "vigarice" que engana os incautos, injetada por um "autodidata" na sua obra como substituto inadequado do genuíno conhecimento. Apressa-se em acrescentar que Tolstói, claro, compensa tudo isso com o seu maravilhoso gênio artístico; então acusa-o de inventar "um sistema que parece resolver tudo de maneira muito simples, como, por exemplo, o fatalismo histórico: ele engata na sua obsessão favorita e vai embora! Só quando pisa em terra é que, como Anteu, ele recupera a sua verdadeira força".[2] A mesma toada retorna na célebre e comovente invocação de Turguêniev no seu leito de morte ao seu velho amigo e inimigo, rogando-lhe que abandone o manto de profeta e retorne à sua verdadeira vocação - a do "grande escritor da terra russa".[3] Flaubert, apesar dos seus "gritos de admiração" a certas passagens de *Guerra e paz*, se sente igualmente horrorizado: "il se répète et il philosophise",[4] escreve

1 Cartas de 14 de fevereiro e 13 de abril de 1868: I.S. Turguêniev, *Polnoe sobranie sochinenii i pisem* (Moscou/Leningrado, 1960-8). *Pis'ma* vii 64, 122.
2 *Ibid.*, 122.
3 Carta a Tolstói de 29 de junho de 1883, *ibid.*, xiii 180.
4 "Ele se repete e filosofa." Carta de 21 de janeiro de 1880, Gustave Flaubert, *Lettres inédites à Tourguéneff*, org. Gérard Gailly (Mônaco, 1946), 218 ("cris d'admiration", *ibid.*).

ele numa carta a Turguêniev, que lhe enviara a versão francesa da obra-prima então quase desconhecida fora da Rússia. Na mesma linha, o correspondente e amigo íntimo de Belínski, o filosófico negociante de chá Vassíli Bótkin, que tinha apreço por Tolstói, escreve ao poeta Afanássi Fet que especialistas literários

> acham que o elemento intelectual do romance é muito fraco, a filosofia da história é trivial e superficial, a negação da influência decisiva de personalidades individuais sobre os acontecimentos não passa de um amontoado de sutilezas místicas, mas que, à parte isso, o talento artístico do autor é indiscutível - ontem dei um jantar e Tiútchev esteve aqui, e estou repetindo o que todos disseram.[1]

Historiadores e especialistas militares contemporâneos seus, um dos quais, pelo menos, lutara em 1812, reclamaram indignados das imprecisões fatuais;[2]

---

1 A.A. Fet, *Moi vospominaniya* (Moscou, 1890), parte 2, 175.
2 Ver as severas restrições de A. Vitmer, historiador militar muito respeitável, no seu *1812 god v "Voine i mire": po povodu istoricheskikh ukazanii IV toma 'Voiny i mira' grafa L.N. Tolstogo* (São Petersburgo, 1869), e o tom de crescente indignação nas notas críticas da época de S. Navalíkhin ("Izyashchnyi romanist i ego izyashchnye kritiki", *Delo* 1868 nº 6, "Sovremennoe obozrenie", 1-28), A.S. Nórov ("'Voina i mir' (1805-1812) s istoricheskoi tochki zreniya i po vospominaniyam sovremennikov (popovodu sochineniya grafa L. N. Tolstogo: 'Voina i mir')", *Voennyi sbornik*

desde então acrescentaram-se provas incriminadoras de que o autor de *Guerra e paz* procedera à falsificação de detalhes históricos,[1] aparentemente com intenções deliberadas, com pleno conhecimento das fontes originais disponíveis e na sabida ausência de qualquer contraprova - falsificação perpetrada, ao que parece, nos interesses não tanto de um objetivo artístico, mas sim de um objetivo "ideológico".

Esse consenso na crítica histórica e estética parece ter dado o tom para praticamente todas as avaliações posteriore do conteúdo "ideológico" de *Guerra e paz*. Chelgunóv pelo menos lhe concedeu a honra de promover um ataque direto contra o seu quietismo social, a que deu o nome de "a filosofia do pântano";[2] outros, na maioria, ignoraram-no solenemente ou o trataram como uma típica aberração que atribuíam

---

1868 nº 11, 189-246), e A.P. Piatkóvski ("Istoricheskaya epokha v romane gr. L.N. Tolstogo", *Nedelya* 1868: nº 22, cols. 698-704; nº 23, cols. 713-17; nº 26, cols. 817-28). O primeiro combateu na campanha de 1812 e, apesar de alguns erros fatuais, faz críticas pertinentes. Os dois últimos, como críticos literários, não têm quase valor algum, mas parecem ter se dado ao trabalho de verificar alguns dos fatos pertinentes.

1 Ver Viktor Chklóvski, *Mater'yal i stil' v romane L'va Tolstogo "Voina i mir"* (Moscou, 1928), *passim*, mas em esp. capítulos 7 e 8. Ver também xx mais abaixo.

2 N.V. Chelgunóv, "Filosofiya zastoya" (resenha de *Guerra e paz*), *Delo* 1870 nº 1, "Sovremennoe obozrenie", 1-29.

a uma mescla entre a conhecida tendência russa de pontificar (e, com isso, arruinar obras de arte) e a tola paixão por ideias gerais, característica de jovens intelectuais em países distantes dos centros de civilização. "É uma sorte para nós que o autor seja melhor artista do que pensador", disse o crítico Nikolai Akhcharumov,[1] e por mais de três-quartos de século esse sentimento foi reproduzido pela maioria dos críticos de Tolstói, tanto russos quanto estrangeiros, tanto pré-revolucionários quanto soviéticos, tanto "reacionários" quanto "progressistas", pela maioria daqueles que o veem primariamente como escritor e artista e daqueles para quem Tolstói é profeta e mestre, ou um mártir, ou uma influência social ou um "caso" sociológico ou psicológico. A teoria da história de Tolstói é igualmente de pouco interesse para Vogüé e Merejkóvski, para Stefan Zweig e Percy Lubbock, para Biriukov e E.J. Simmons, para não citar outros menores. Historiadores do pensamento russo[2] tendem a rotular esse aspecto de Tolstói como

1 [Mais literalmente: "Felizmente, o autor [...] é dez mil vezes mais poeta e artista do que filósofo".] N.D. Akhcharumov, *Voina i mir, sochinenie grafa L. N. Tolstogo, chasti 1-4: razbor* (São Petersburgo, 1868), 40.

2 P.ex., profs. Ilin, Iakovenko, Zenkóvski e outros. [Quando solicitado a expor as iniciais ou o primeiro nome (ver índice remissivo) e identificasse as obras específicas em questão, IB respondeu que a omissão era deliberada. Iakovenko não era professor titular.]

"fatalismo" e passavam para as teorias históricas mais interessantes de Leôntiev ou Danilévski. Críticos dotados de mais cautela ou humildade não chegam a esse ponto, mas tratam a "filosofia" com um aflito respeito; mesmo Derrick Leon, que trata das posições de Tolstói desse período com mais cuidado do que a maioria dos seus biógrafos, oferece uma meticulosa apresentação das reflexões de Tolstói sobre as forças que dominam a história, principalmente da segunda seção do longo epílogo que se segue ao final da parte narrativa de *Guerra e paz*, mas depois disso passa a acompanhar Aylmer Maude e não esboça qualquer tentativa de avaliar a teoria ou de relacioná-la com os demais aspectos da vida ou do pensamento de Tolstói; e mesmo isso é quase único.[1] Aqueles, mais uma vez, que estão interessados em Tolstói sobretudo

---

1 Exceções honrosas são os textos dos escritores russos N.I. Kariéiev e B.M. Eikhenbaum, bem como os dos estudiosos franceses E. Haumant e Albert Sorel. Quanto a monografias dedicadas a esse tema, conheço apenas duas de algum valor. A primeira, "Filosofiya istorii L.N. Tolstogo", de V.N. Pértsev, in V.P. Obnínski e T.I. Polner (orgs.), *"Voina i mir": sbornik* (Moscou, 1912), 129-53, depois de repreender levemente Tolstói pelas obscuridades, exageros e incoerências, logo recua para generalidades inócuas. A outra, "Filosofiya istorii v romane L.N. Tolstogo, 'Voina i mir'", de M.M. Rubinshtein, in *Russkaya mysl'*, julho de 1911, seção 2, 78-103, é muito mais elaborada, mas ao fim parece-me não estabelecer coisa alguma.

como profeta e mestre se concentram nas doutrinas posteriores do mestre, adotadas após a sua conversão, quando ele deixara de se considerar basicamente como escritor e se estabelecera como mestre da humanidade, objeto de veneração e peregrinação. Normalmente representa-se a vida de Tolstói repartida em duas partes distintas: primeiro vem o autor de obras-primas imortais, depois vem o poeta da regeneração pessoal e social; primeiro o escritor aristocrático, o romancista genial difícil, um tanto inacessível e problemático, depois o sábio - dogmático, intratável, exagerado, mas gozando de enorme influência, especialmente no seu país -, uma instituição mundial de importância única. De tempos em tempos surgem tentativas de rastrear o seu período posterior até as suas raízes na fase anterior, que é tida como repleta

---

Muito diferente é a avaliação de Arnold Bennett, a qual vim a conhecer durante a redação deste texto: "A última parte do Epílogo vem repleta de boas ideias que o homem comum não é capaz de entender. E claro, segundo os críticos, seria melhor que ela ficasse de fora. De fato; só que Tolstói não iria deixá-la de fora. Foi para isso que ele escreveu o livro". *The Journals of Arnold Bennett*, org. Newman Flower (Londres etc., 1932-3), ii (1911-21) 62. Quanto às inevitáveis tentativas de relacionar as concepções históricas de Tolstói com as de vários marxistas de data mais recente - Káutski, Lênin, Stálin etc. -, elas fazem parte das curiosidades políticas ou teológicas, mais do que das literárias.

de prenúncios da vida posterior de autorrenúncia; é esse período posterior que é considerado importante; existem estudos filosóficos, teológicos, éticos, psicológicos, políticos, econômicos sobre o Tolstói posterior em todos os seus aspectos.

E, no entanto, aqui certamente há um paradoxo. O interesse de Tolstói pela história e pelo problema da verdade histórica era ardente, quase obsessivo, tanto antes quanto durante a redação de *Guerra e paz*. Ninguém que leia os seus diários e cartas ou mesmo o próprio *Guerra e paz* é capaz de duvidar de que o próprio autor, de todo modo, considerava esse problema como o cerne de toda a questão - o tema central em torno do qual é construído o romance. "Charlatanismo", "superficialidade", "debilidade intelectual" - certamente Tolstói é o último autor a quem esses epítetos parecem se aplicar: tendenciosidade, obstinação, arrogância, talvez; autoengano, falta de comedimento, pode ser; inadequação moral ou espiritual - disso ele estava mais ciente do que os seus inimigos; mas fraqueza de intelecto, ausência de capacidade crítica, tendência à vacuidade, propensão a se lançar desenfreado a alguma doutrina superficial e claramente absurda em detrimento da descrição ou da análise realista da vida, paixão por alguma teoria em voga pela qual Bótkin ou Fet não se deixam enganar, mas pela qual Tolstói, infelizmente, se deixa embair - tais acusações parecem grotescamente implausíveis.

Ninguém em sã consciência, pelo menos neste século, jamais sonharia em negar o poder intelectual de Tolstói, a sua espantosa capacidade de penetrar qualquer dissimulação convencional, aquele cáustico ceticismo que levou o príncipe Viázemski a dar a *Guerra e paz* a pecha de *netovshchina* (negativismo)[1] - uma versão inicial daquele niilismo que Vogüé e depois Albert Sorel lhe atribuirão com a maior naturalidade. Aqui certamente está faltando uma coisa: o repúdio violentamente a-histórico e, na verdade, anti-histórico de Tolstói contra todas as tentativas de explicar ou justificar a ação ou a personalidade humana em termos de crescimento social ou individual, ou de "raízes" no passado; e isso, lado a lado com um interesse pela história que foi absorvido e mantido ao longo de toda a vida, levando a resultados artísticos e filosóficos que despertaram comentários bizarramente depreciativos de críticos usualmente competentes e compreensivos - com certeza há aqui algo que merece atenção.

III

O interesse pela história surgiu desde cedo na vida de Tolstói. Parece ter nascido não de um interesse pelo

---

1 P.A. Viázemski, "Vospominaniya o 1812 god", *Russkii arkhiv* 7 (1869), colunas 181-92, 01-016, em esp. 185-7.

passado enquanto tal, mas sim do desejo de chegar às causas primeiras, de entender como e por que as coisas acontecem dessa e não de outra maneira, do descontentamento com aquelas explicações correntes que não explicam e deixam a mente insatisfeita, de uma tendência a duvidar e pôr sob suspeita e, se necessário for, rejeitar tudo o que não responda inteiramente à pergunta, a ir à raiz de toda questão, ao custo que for. Essa foi a atitude que Tolstói manteve durante toda a vida, e dificilmente é sintoma de "vigarice" ou de "superficialidade". Com ela vinha um incurável amor pelo concreto, pelo empírico, pelo verificável, e uma desconfiança instintiva do abstrato, do impalpável, do sobrenatural - em suma, uma tendência precoce a adotar uma abordagem científica e positivista, pouco amiga do romantismo, das formulações abstratas, da metafísica. Sempre, em todas as ocasiões, ele procurava os fatos "concretos" - o que podia ser captado e verificado pelo intelecto normal, não corrompido por teorias intrincadas e divorciadas das realidades tangíveis ou por mistérios sobrenaturais, fossem teológicos, poéticos ou metafísicos. Era torturado pelos problemas últimos que se apresentam aos jovens em todas as gerações, sobre o bem e o mal, a origem e a finalidade do universo e os seus habitantes, as causas de tudo o que acontece; mas as respostas fornecidas por teólogos e metafísicos lhe pareciam absurdas, quando menos por causa dos termos em que vinham formuladas - termos que não traziam nenhuma referência visível ao mundo cotidiano do senso comum usual, ao qual ele se aferrava obstinadamente, antes mesmo de perceber o que estava fazendo, como a única coisa real. A história, somente a história, somente a soma dos acontecimentos concretos no tempo e no espaço - a soma da experiência real de homens e mulheres reais nas suas relações mútuas e com um ambiente físico real tridimensional, empiricamente vivenciado -, somente ela continha a verdade, o material com que se poderiam construir respostas genuínas - respostas que, para ser apreendidas, não requeriam nenhum sentido ou faculdade especial que os seres humanos normais não possuíssem.

Este, evidentemente, era o espírito da investigação empírica que alimentou os grandes pensadores antiteológicos e antimetafísicos do século 18, e Tolstói, com o seu realismo e a sua resistência invencível a se deixar enganar por sombras, se tornou o discípulo natural deles, antes mesmo que tivesse conhecimento das suas doutrinas. Como monsieur Jourdain, ele falava em prosa muito antes de saber disso e se manteve inimigo do transcendentalismo desde o início até o final da vida. Ele cresceu durante o auge da filosofia hegeliana, que procurava explicar todas as coisas em termos de um desenvolvimento histórico, mas para a qual, em última análise, não era possível submeter esse processo aos métodos de investigação empírica. O historicismo daqueles tempos certamente influenciou o jovem Tolstói, tal como influenciou todas as pessoas inquisitivas da sua época; mas o seu conteúdo metafísico ele rejeitava instintivamente, e numa das suas cartas comentou que os textos de Hegel não passavam de uma algaravia ininteligível, entremeada de platitudes. Somente a história - a soma de dados empiricamente localizáveis - detinha a chave do mistério de por que tal ou tal acontecimento aconteceu daquela e não de outra maneira; e somente a história, por conseguinte, podia lançar luz sobre os problemas éticos fundamentais que o obcecavam, tal como obcecavam todos os pensadores russos no século 19. O que fazer? Como viver? Por que estamos aqui? O que devemos ser e fazer? O estudo das conexões históricas e a exigência de respostas empíricas para essas *proklyatye voprosy*[1] se fundiram numa mesma coisa

1 "Malditas perguntas" - expressão que se tornou clichê na Rússia oitocentista para aquelas questões morais e sociais centrais que, mais cedo ou mais tarde, se impõem a todos os homens íntegros, em particular a todos os escritores, que então se veem diante da escolha entre ingressar na luta ou dar as costas aos seus semelhantes, cientes da responsabilidade pelas suas ações. [Embora *voprosy* fosse amplamente usada nos anos 1830 para se referir a essas questões, a expressão específica *proklyatye voprosy* foi, ao que parece, cunhada em 1858 por Mikhail L. Mikháilov, que a utilizou para verter "*die verdammten Fragen*" na sua

no espírito de Tolstói, como os seus primeiros diários e cartas mostram com grande clareza.

Nos seus primeiros diários, encontramos referências às suas tentativas de comparar o *Nakaz*[1] de Catarina, a Grande e as passagens de Montesquieu que, dizia ela, haviam-lhe servido de base.[2] Ele lê Hume e Thiers,[3] bem como Rousseau, Sterne e Dickens.[4] Fica obcecado com a visão de que só é possível entender os princípios filosóficos na sua

---

tradução do poema "Zum Lazarus", de Heine (1853/4): ver "Stikhotvoreniya Geine", *Sovremennik* 1858 nº 3, 125; e *Heinrich Heines Sämtliche Werke*, org. Oskar Walzel (Leipzig, 1911-20), iii 225. Outra hipótese é que Mikháilov estivesse aproveitando uma expressão russa que cabia feito uma luva para as palavras de Heine, mas ainda não a vi utilizada em nenhuma publicação anterior. N.O.]

1 Instrução aos seus especialistas jurídicos.

2 L.N. Tolstói, *Polnoe sobranie sochinenii* (Moscou/Leningrado, 1928-64) [doravante T] xlvi 4-28 (18-26 de março de 1847). [As menções a *Guerra e paz* referentes a esta edição russa das obras completas de Tolstói serão feitas pelo título original *Voina i mir*. N.E.]

3 *Ibid.* - Hume: 113, 114, 117, 123-4, 127 (11-27 de junho de 1852); Thiers: 97, 124 (20 de março, 17 de junho de 1854).

4 *Ibid.* - Rousseau: 126, 127, 130, 132-4, 167, 176 (24 de junho de 1852 a 28 de setembro de 1853),
249 ("Registro das tarefas diárias", 3 de março de 1847); Sterne: 82 (10 de agosto de 1851), 110 (14 de abril de 1852); Dickens: 140 (1º de setembro de 1852).

expressão concreta na história.[1] "Escrever a história genuína da Europa atual: é um objetivo para toda uma vida."[2] Ou ainda: "As folhas de uma árvore nos deleitam mais do que as raízes",[3] trazendo como implícito que, mesmo assim, essa é uma visão superficial do mundo. Mas, ao lado disso, tem-se o início de uma aguda sensação de decepção, um sentimento de que a história, tal como é escrita pelos historiadores, faz exigências que não podem ser atendidas por essa visão porque, como filosofia metafísica, ela finge ser algo que não é - a saber, uma ciência capaz de chegar a conclusões certas. Como os homens não conseguem resolver questões filosóficas pelos princípios da razão, tentam respondê-las historicamente. Mas a história é "uma das ciências mais atrasadas - uma ciência que perdeu o seu propósito". A razão disso é que a história não solucionará, porque não o pode, as grandes questões que atormentam os homens em todas as gerações. Ao procurar responder essas questões, os homens acumulam um conhecimento dos fatos conforme se sucedem no tempo: mas isso é um mero subproduto, uma espécie de "efeito colateral" que - e isso é um erro - é estudado

1 *Ibid.*, 123 (11 de junho de 1852).
2 *Ibid.*, 141-2 (22 de setembro de 1852).
3 "Filosoficheskie zamechaniya na rechi Zh. Zh. Russo" (1847), T i 222, onde também constam as duas próximas citações.

como fim em si mesmo. Mais uma vez, "a história nunca nos revelará quais as conexões que existem, e em quais épocas, entre a ciência, a arte e a moral, entre o bem e o mal, a religião e as virtudes cívicas. O que ela *vai* nos revelar (e isso de maneira incorreta) é de onde vieram os hunos, onde viviam, quem lançou as bases do seu poder etc.". Segundo o seu amigo Názarev, Tolstói lhe disse no inverno de 1846: "A história [...] não passa de um apanhado de fábulas e ninharias inúteis, amontoadas com uma massa de figuras e nomes próprios desnecessários. A morte de Igor, a cobra que mordeu Oleg - o que é tudo isso senão uma velha conversa de comadres? Quem quer saber que o segundo casamento de Ivan, com a filha de Temriúk, ocorreu em 21 de agosto de 1562, enquanto o seu quarto casamento, com Anna Alekseiévna Koltóvskaya, ocorreu em 1572 [...]?".[1]

A história não revela causas; ela apresenta apenas uma sucessão estéril de acontecimentos inexplicados. "Tudo é enfiado dentro de um molde padrão inventado pelo historiador. O czar Ivan, o Terrível, sobre quem o professor Ivánov está ministrando aulas no momento, depois de 1560 subitamente se transforma de homem sábio e virtuoso em tirano louco e cruel. Como? Por quê? - São coisas que nem se deve

---

1 V. N. Názarev, "Lyudi bylogo vremeni", *L.N. Tolstoi v vospominaniyakh sovremennikov* (Moscou, 1955), i 52.

perguntar...".[1] E meio século depois, em 1908, ele declara a Güssev: "A história seria uma coisa excelente se ao menos fosse verdadeira".[2] A proposição de que a história poderia (e deveria) se tornar científica é um lugar comum no século 19; mas não é grande o número dos que interpretavam o termo "ciência" no sentido de ciência natural e então se indagavam se seria possível transformar a história numa ciência nessa acepção específica. A linha de ação mais inflexível foi a de Auguste Comte, que, seguindo o seu mestre Saint-Simon, tentou converter a história em sociologia, cujas excêntricas consequências não precisamos expor aqui. Entre todos os pensadores, foi talvez Karl Marx quem levou esse programa mais a sério e empreendeu as tentativas mais ousadas, embora das mais fracassadas, de descobrir leis gerais que regem a evolução histórica, concebida de acordo com a analogia, então atraente, entre biologia e anatomia, tão triunfalmente transformada pelas novas teorias evolucionárias de Darwin. Tolstói, tal como Marx (a quem, na época em que escrevia *Guerra e paz*, ele parecia desconhecer por completo), viu claramente que, se a história era uma ciência, então devia ser possível descobrir e formular um conjunto de leis verdadeiras

1 *Ibid.*, 52-3.
2 N.N. Gússev, *Dva goda s L. N. Tolstym* [...] (Moscou, 1973), 188.

da história que, em conjunto com os dados da observação empírica, tornariam a previsão do futuro (e a "retrovisão" do passado) tão exequível quando se tornara, digamos, na geologia ou na astronomia. Mas viu mais claramente do que Marx e os seus seguidores que tal resultado não fora realmente alcançado, declarando-o com a sua usual franqueza dogmática, e reforçou a sua tese com argumentos destinados a mostrar que a perspectiva de alcançar esse objetivo era simplesmente inexistente; encerrou o assunto observando que a realização dessa esperança científica acabaria com a vida humana como a conhecemos: "Se admitimos que a vida humana pode ser regida pela razão, a possibilidade de vida [*i.e.*, como atividade espontânea envolvendo a consciência do livre-arbítrio] está destruída".[1]

Mas o que afligia Tolstói não era apenas a natureza "não científica" da história - que, por mais escrupulosas que fossem as técnicas de pesquisa histórica,

1 *Voina i mir*, epílogo, parte 1, capítulo 1 (fim), T xii 238; *War and Peace*, trad. Louise e Aylmer Maude (Londres, 1942: Macmillan) [doravante W] 1248. [Como as subdivisões do texto feitas pelo casal Maude variam entre as edições da sua tradução e também são diferentes das de T, as referências a W estão dadas apenas pela página.] [As traduções das citações diretas são feitas conforme estabelecido no original em inglês. Para ed. bras., ver *Guerra e paz*, trad. Modesto Carone (São Paulo, 2017: Companhia das Letras). N.E.]

não se descobriria nenhuma lei confiável do tipo exigido mesmo pelas ciências naturais menos desenvolvidas. Além disso, julgava que não conseguiria justificar perante si mesmo a seleção aparentemente arbitrária dos materiais, nem a distribuição igualmente arbitrária da ênfase a que pareciam estar condenados todos os escritos históricos. Ele reclama que, embora os fatores que determinam a vida da humanidade sejam muito variados, os historiadores selecionam entre eles apenas algum aspecto isolado, digamos o político ou o econômico, e o apresentam como fator primário, como a causa eficiente da mudança social; mas aí como ficam a religião, os fatores "espirituais" e os múltiplos outros aspectos - uma multiplicidade literalmente incontável - que estão presentes em todos os acontecimentos? Como escapar à conclusão de que as histórias existentes representam o que Tolstói diz ser "talvez apenas 0,001% dos elementos que efetivamente constituem a história real dos povos"? A história, como é normalmente escrita, costuma representar os acontecimentos "políticos" - públicos - como os mais importantes, ao passo que os acontecimentos espirituais - "internos" - são em larga medida deixados de lado; no entanto, *prima facie*, são eles - os acontecimentos "internos" - que constituem a experiência mais real, mais imediata dos seres humanos; são eles, e apenas eles, a matéria de que, em última análise, é feita a vida; assim, os historiadores políticos usuais estão falando bobagens.

Tolstói passou toda a década de 1850 obcecado pela vontade de escrever um romance histórico, tendo como um dos seus principais objetivos mostrar o contraste entre a textura "real" da vida, tanto dos indivíduos quanto das comunidades, e o quadro "irreal" apresentado pelos historiadores. Nas páginas de *Guerra e paz*, volta e meia temos uma crua justaposição entre a "realidade" - o que "realmente" ocorreu - e o veículo distorcivo por meio do qual ela será posteriormente apresentada nas versões oficiais oferecidas ao público e será inclusive relembrada pelos próprios atores - as memórias originais agora tendo sido alteradas pela própria mente traiçoeira (inevitavelmente traiçoeira, pois automaticamente racionalizadora e formalizadora) deles mesmos. Tolstói coloca constantemente os heróis de *Guerra e paz* em situações em que isso fica particularmente evidente.

Nikolai Rostov na batalha de Austerlitz vê o grande soldado príncipe Bagration dirigindo-se a cavalo com o seu séquito para a aldeia de Schöngrabern, de onde avança o inimigo; nem ele, nem os seus homens, nem os oficiais que vêm a galope lhe entregar mensagens, nem ninguém sabe ou pode saber o que está realmente acontecendo, nem onde, nem por quê; e tampouco o caos da batalha de forma alguma se torna minimamente mais claro de fato ou no espírito dos oficiais russos com a aparição de Bagration. Mesmo assim, a sua chegada dá alento aos seus subordinados; a coragem, a calma, a mera presença de Bagration criam a ilusão da qual ele próprio é a primeira vítima, qual seja, o que está acontecendo está de alguma maneira ligado à *sua* habilidade, aos *seus* planos, e é a *sua* autoridade que está de alguma forma comandando o curso da batalha; isso, por sua vez, exerce um efeito marcante sobre o moral geral das tropas em torno de si. Os despachos que serão devidamente escritos mais tarde irão inevitavelmente atribuir todos os atos e acontecimentos do lado russo a ele e aos seus traços de caráter; o crédito ou o descrédito, a vitória ou a derrota, caberão a ele, embora esteja claro para todos que ele terá menos a ver com a condução e o desfecho da batalha do que os humildes soldados anônimos que pelo menos empreendem algum efetivo combate, isto é, disparam, ferem, matam, avançam, recuam e assim por diante.

O príncipe Andrei também sabe disso, e com toda a clareza, em Borodin, onde é mortalmente ferido. Já começara antes a entender a verdade, no período em que se empenha em encontrar as pessoas "importantes" que parecem estar guiando os destinos da Rússia; então gradualmente se convence de que o principal conselheiro de Alexandre, o famoso reformador Speransky, e os seus amigos e, na verdade, o próprio Alexandre estão se iludindo sistematicamente ao supor que as suas atividades, as suas palavras, ofícios, decisões, resoluções, leis e assim por diante, são os fatores causais que levam à mudança histórica e determinam os destinos de homens e nações, enquanto na verdade eles não são nada: estão apenas vagueando no vazio, julgando-se importantes. E assim Tolstói chega a um dos seus célebres paradoxos: quanto mais alta a posição dos oficiais ou dos estadistas na pirâmide da autoridade, mais distantes eles devem ficar da sua base, que consiste naqueles homens e mulheres comuns cujas vidas constituem a real matéria da história, e por conseguinte menor é o efeito das palavras e ações de personagens tão distantes, apesar de toda a sua teórica autoridade, sobre aquela história.

Numa passagem famosa que trata da situação de Moscou em 1812, Tolstói observa que alguém poderia inferir das heroicas realizações da Rússia após o incêndio de Moscou que os seus habitantes estavam totalmente empenhados em ações de sacrifício pessoal - em salvar o país ou em aumentar a sua destruição, em gestos de heroísmo, martírio, desespero -, mas que, de fato, não foi bem assim. As pessoas estavam preocupadas com os seus interesses pessoais. Os que prosseguiam com as suas atividades habituais, sem sentir emoções heroicas nem pensar que eram atores no palco iluminado da história, eram os mais úteis para o país e a comunidade, ao passo que aqueles que tentavam se agarrar ao curso geral dos acontecimentos e queriam tomar parte da história, que realizavam atos de incrível heroísmo ou sacrifício pessoal e participavam de acontecimentos grandiosos, eram os mais inúteis. Os piores de todos, aos olhos de Tolstói, eram aqueles tagarelas incessantes que se acusavam mutuamente daquele tipo de coisa "pela qual ninguém podia ter sido efetivamente responsável", e isso porque "o mandamento de não provar do fruto da árvore do conhecimento não está em lugar algum escrito com maior clareza do que no curso da história. Somente a atividade inconsciente rende frutos, e o indivíduo que desempenha um papel nos acontecimentos históricos nunca entende a significação deles. Se tenta entendê-los, é fulminado pela esterilidade".[1] Tentar "entender" qualquer coisa por meios racionais é garantir o fracasso. Pierre Bezúkov vagueia, "perdido" no campo de batalha de Borodin, e procura algo que imagina ser uma espécie de cenário: uma batalha tal como é representada pelos historiadores ou pelos pintores. Mas só encontra a agitação comum de seres humanos individuais atendendo desordenadamente a essa ou àquela necessidade humana.[2] Isso, em todo caso, é concreto,

---

1 *Ibid.*, vol. 4, parte 1, capítulo 4 (começo), T xii 14; W 1039-40.

2 Sobre a ligação entre isso e *A cartuxa de Parma* de Stendhal, ver *Paul Boyer (1864-1949) chez Tolstoï: entretiens à Iasnaïa Poliana* (Paris, 1950), 40.

sem a contaminação de teorias e abstrações, e assim Pierre está mais próximo da verdade quanto ao curso dos acontecimentos - pelo menos tal como são vistos pelos homens - do que aqueles que acreditam que os acontecimentos obedecem a um conjunto de leis ou regras cognoscíveis. Pierre vê apenas uma sucessão de "acasos" cujas origens e consequências são, de modo geral, não rastreáveis e imprevisíveis; apenas acontecimentos reunidos numa frouxa fieira, formando um padrão sempre variável, sem seguir qualquer ordem discernível. Qualquer pretensão de perceber padrões que sigam fórmulas "científicas" há de ser mendaz.

Tolstói reserva os seus mais ferozes escárnios, a sua mais cáustica ironia, para aqueles que posam de especialistas oficiais em gerir os assuntos humanos, neste caso os teóricos militares ocidentais, um general Pfuel ou os generais Bennigsen e Paulucci, todos eles apresentados falando as mesmas bobagens no Conselho de Drissa, quer estejam defendendo ou se opondo a alguma teoria tática ou estratégica; esses homens devem ser impostores, visto que nenhuma teoria é capaz de conter a imensa variedade de comportamentos humanos possíveis, a vasta multiplicidade de causas e consequências miúdas e indiscerníveis que formam aquele jogo entre homens e natureza que a história afirma registrar. Os que se dizem capazes de fazer com que as suas leis "científicas" abarquem dentro de si essa multiplicidade infinita hão de ser charlatães deliberados ou cegos guiando cegos. O julgamento mais severo é devidamente reservado ao próprio teórico-mor, o grande Napoleão, que age a partir da suposição e hipnotiza os outros a crerem nela, de que ele entende e controla os acontecimentos por meio do seu intelecto superior ou por iluminações intuitivas ou por alguma outra forma de obter a resposta correta dos problemas colocados pela história. Quanto maior a pretensão, maior a mentira: em virtude disso, Napoleão é o mais patético, o mais desprezível entre todos os atores da grande tragédia.

É essa, portanto, a grande ilusão que Tolstói se dedica a desmascarar: a de que os indivíduos são capazes, com o uso dos seus próprios recursos, de entender e controlar o curso dos acontecimentos. Os que acreditam nisso se demonstram pavorosamente equivocados. E ao lado desses rostos públicos - desses homens ocos, em parte autoiludidos, em parte cientes das suas fraudes, falando, escrevendo freneticamente, a torto e a direito, a fim de manter as aparências e evitar as desalentadoras verdades -, ao lado de todo esse elaborado maquinário para ocultar o espetáculo da impotência, da insignificância e da cegueira humanas, está o mundo real, o fluxo da vida que os homens entendem, o atendimento aos detalhes comuns da existência cotidiana. Quando Tolstói contrapõe essa vida real - a experiência efetiva, cotidiana, "viva" dos indivíduos - à visão panorâmica conjurada por historiadores, fica-lhe claro o que é real e o que é uma construção coerente, às vezes concebida com elegância, mas sempre fictícia. Embora sendo totalmente diferente de Virginia Woolf em quase todos os outros aspectos, Tolstói é talvez o primeiro a apresentar a célebre acusação que Woolf levantou meio século depois contra os profetas públicos da sua geração - Shaw, Wells e Arnold Bennett -, como materialistas cegos que nem de longe começaram a entender em que realmente consiste a vida, que confundiram os seus acidentes externos, os aspectos sem importância que se encontram fora da alma individual - as chamadas realidades sociais, econômicas, políticas - com a única coisa que é genuína, a experiência individual, a relação específica entre os indivíduos, as cores, cheiros, sabores, sons e movimentos, as invejas, amores, ódios, paixões, os raros relances da percepção, os momentos transformadores, a sucessão comum, dia a dia, de dados privados que constituem tudo o que existe - que são a realidade.

Qual é, então, a tarefa do historiador? Descrever os dados últimos da experiência subjetiva - a vida individual das pessoas, os "pensamentos, conhecimento, poesia, música, amor, amizade, ódios, paixões"[1]

1 *Voina i mir*, vol. 2, parte 3, capítulo 1, T x 151; W 453.

que, para Tolstói, compõem a vida "real", e só isso? Era essa a tarefa à qual Turguêniev estava sempre convocando Tolstói - ele e todos os escritores, mas ele em particular, porque nisso residia o seu verdadeiro gênio, o seu destino como grande escritor russo; e isso ele rejeitava com violenta indignação, mesmo durante os seus anos intermediários, antes da fase religiosa final. Pois isso não era responder à pergunta sobre o que existe, como e por que vem a existir e então se finda, mas era dar as costas a tudo isso, era sufocar o desejo pessoal de descobrir como os homens vivem em sociedade, como são afetados uns pelos outros e pelo ambiente, e com que finalidade. Esse tipo de purismo artístico - pregado na época por Flaubert -, esse tipo de preocupação com a análise e a descrição da experiência, das relações, dos problemas e da vida interior dos indivíduos (mais tarde defendido e praticado por Gide e os escritores que ele influenciou, tanto na França quanto na Inglaterra) parecia-lhe ao mesmo tempo trivial e falso. Ele não tinha qualquer dúvida sobre a sua suprema perícia nessa arte, ou de que era admirado precisamente por causa dela; e condenava-a categoricamente.

Numa carta escrita quando estava trabalhando em *Guerra e paz*, ele comentou com azedume que não tinha dúvidas de que o que mais agradaria ao público seriam as suas cenas da vida social e pessoal, as damas e os cavalheiros, com as suas intrigas mesquinhas, conversas divertidas e pequenas idiossincrasias magnificamente descritas.[1] Mas essas são as "flores" triviais da vida, não as "raízes". O objetivo de Tolstói é desvendar a verdade e, portanto, ele precisa saber em que consiste a história e recriar apenas isso. A história obviamente não é uma ciência, e a sociologia, que pretende sê-la, é uma fraude; não foi descoberta nenhuma lei genuína da história, e os conceitos em uso corrente - "causa", "acaso", "gênio" - não explicam nada: são meros e tênues expedientes para disfarçar a ignorância. Por que os acontecimentos, cuja totalidade chamamos de história, ocorrem da maneira que ocorrem? Alguns historiadores atribuem os acontecimentos às ações dos indivíduos, mas isso não é resposta: pois não explicam como essas ações "causam" os acontecimentos que alegadamente "causam" ou a que "dão origem".

Há uma passagem de extrema ironia em que Tolstói parodia as histórias então ensinadas nas escolas, a tal ponto característica que vale a pena reproduzi-la na íntegra:

---

1 Cf. a profissão de fé na sua célebre - e militantemente moralista - introdução a uma edição de Maupassant, por cujo gênio, apesar de tudo, ele sente admiração: "Predislovie k sochineniyam Gyui de Mopassana" (1893-4), T xxx 3-24. Ele considera Bernard Shaw muito mais medíocre, dizendo que a sua retórica social é rasa e estéril (registro no diário em 31 de janeiro de 1908, T lvi 97-8).

Luís XIV era um homem muito orgulhoso e convencido. Tinha tais e tais amantes, e tais e tais ministros, e governava mal a França. Os herdeiros de Luís XIV também eram homens fracos e também governavam mal a França. Também tinham tais e tais favoritos e tais e tais amantes. Além disso, havia certas pessoas na época que estavam escrevendo livros. No final do século 18, haviam-se reunido em Paris umas duas dúzias de pessoas que começaram a dizer que todos os homens eram livres e iguais. Por causa disso, por toda a França as pessoas começaram a se matar e se afogar umas às outras. Essas pessoas mataram o rei e muito mais gente. A essa altura havia um homem de gênio na França - Napoleão. Venceu todos por todas as partes, *i.e.*, matou uma enorme quantidade de gente porque era um grande gênio, e por alguma razão partiu para matar africanos, e matou-os tão bem e foi tão esperto e astucioso que, tendo chegado à França, ordenou que todos o obedecessem, e assim fizeram. Tendo se declarado imperador, partiu de novo para matar montes de gente na Itália, Áustria e Prússia. E lá também matou uma enorme quantidade. Ora, na Rússia havia o imperador Alexandre, que resolveu restabelecer a ordem na Europa e portanto travou guerras contra Napoleão. Mas no ano de 1807 de repente fez amizade com ele, e no ano de

1811 brigou de novo com ele, e os dois começaram de novo a matar uma quantidade enorme de gente. E Napoleão levou seiscentos mil homens para a Rússia e conquistou Moscou. Mas aí de repente ele fugiu de Moscou, e então o imperador Alexandre, auxiliado pelos conselhos de Stein e outros, uniu a Europa para montar um exército contra o perturbador da paz da Rússia. Todos os aliados de Napoleão de repente viraram inimigos seus, e esse exército marchou contra Napoleão, que havia formado uma nova tropa. Os aliados derrotaram Napoleão, entraram em Paris, obrigaram Napoleão a renunciar ao trono e o enviaram para a ilha de Elba, mas sem privá-lo do título de imperador e mostrando-lhe o máximo respeito, embora cinco anos antes e um ano depois todos o considerassem um bandoleiro e fora da lei. Com isso, Luís XVIII, que até então tinha sido mero motivo de chacota tanto para os franceses quanto para os aliados, começou a reinar. Quanto a Napoleão, depois de verter lágrimas perante a Velha Guarda, desistiu do trono e foi para o exílio. Então políticos e diplomatas astutos, em particular Talleyrand, que tinha conseguido se sentar antes de qualquer outro na famosa poltrona[1] e

1 As cadeiras imperiais de determinado formato são até hoje chamadas na Rússia de "poltronas Talleyrand".

com isso estender as fronteiras da França, conversou em Viena e por meio dessa conversa contentou ou descontentou as pessoas. De repente os diplomatas e os monarcas quase saíram aos socos. Estavam quase prestes a ordenar que as suas tropas voltassem mais uma vez a se matar umas às outras, mas nesse momento Napoleão chegou à França com um batalhão, e os franceses, que o odiavam, imediatamente se submeteram todos a ele. Mas isso irritou muito os monarcas aliados e mais uma vez foram à guerra contra os franceses. E o gênio Napoleão foi derrotado e levado para a ilha de Santa Helena, tendo-se descoberto de repente que ele era um fora da lei. Com o exílio, ele se separou dos seus entes queridos e da sua amada França, teve uma morte lenta num rochedo e legou os seus grandes feitos à posteridade. Quanto à Europa, houve por lá uma reação e todos os príncipes voltaram mais uma vez a tratar mal o seu povo.

Tolstói continua:

> A nova história é como um surdo respondendo a perguntas que ninguém lhe faz. [... A] pergunta básica [...] é: que poder é esse que move os destinos dos povos? [...] A história parece pressupor que esse poder é um dado de fato e familiar a

> todos, mas, apesar de toda a vontade de admitir que esse poder nos é familiar, qualquer um que tenha lido um grande número de obras históricas inevitavelmente tem lá as suas dúvidas se esse poder, que cada historiador diferente entende de maneira diferente, é de fato tão plenamente familiar a todos.[1]

Então prossegue dizendo que os historiadores políticos que escrevem dessa maneira não explicam nada: simplesmente atribuem os acontecimentos ao "poder" que, diz-se, os indivíduos importantes exercem sobre os outros, mas eles não nos dizem o que significa o termo "poder"; no entanto, é este o cerne do problema. O problema do movimento histórico está diretamente ligado ao "poder" exercido por alguns homens sobre outros: mas o que é o "poder"? Como se adquire? Pode ser transferido de um homem a outro? Com certeza não significa apenas força física, correto? Nem apenas força moral, correto? Napoleão tinha alguma dessas forças?

Para Tolstói, os autores de história geral, em oposição aos de história nacional, parecem apenas ampliar essa categoria sem a elucidar: em vez de um só país ou nação, incluem-se muitos, mas o espetáculo do

---

1 *Voina i mir*, epílogo, parte 2, capítulo I, T xii 298-30; W 1307-9.

jogo de "forças" misteriosas nem por isso esclarece melhor por que alguns homens ou nações obedecem a outros, por que se travam guerras, por que se conquistam vitórias, por que homens inocentes que acreditam que o assassinato é uma coisa ruim matam-se uns aos outros com orgulho e entusiasmo, e são glorificados por assim agirem; por que ocorrem grandes deslocamentos de massas humanas, às vezes do leste para o oeste, às vezes ao contrário. Tolstói fica especialmente irritado com as referências à influência dominante das ideias ou dos grandes homens. Os grandes homens, dizem-nos, são típicos dos movimentos da sua própria época: por isso o estudo das suas personalidades "explica" tais movimentos. O caráter de Diderot ou de Beaumarchais "explica" o avanço do Ocidente sobre o Oriente? As cartas de Ivan, o Terrível, ao príncipe Kúrbski "explicam" a expansão russa a oeste? Mas os historiadores da cultura não se saem melhor, pois simplesmente acrescentam como fator adicional algo chamado de "força" das ideias ou dos livros, embora ainda não tenhamos a menor ideia do que significam palavras como "força". Mas por que Napoleão ou Madame de Staël ou o barão Stein ou o czar Alexandre, ou todos eles juntos, e mais o *Contrato social*, são a "causa" que leva os franceses a se decapitarem ou se afogarem uns aos outros? Por que isso se chama "explicação"? Quanto à importância que os historiadores da cultura atribuem às ideias, sem dúvida todos os homens podem exagerar a importância dos seus produtos: as ideias são a mercadoria com que lidam os intelectuais - para um sapateiro não existe coisa mais importante do que o couro -, e os professores tendem apenas a engrandecer as suas atividades pessoais dentro da "força" central que rege o mundo. Tolstói acrescenta que teóricos políticos, moralistas e metafísicos envolvem o assunto numa obscuridade ainda densa. A célebre noção do contrato social, por exemplo, mascateada por alguns liberais, menciona o "empossamento" das vontades - em outras palavras, o poder - de muitos num só indivíduo ou grupo de indivíduos; mas que tipo de ação é esse "empossamento"? Ele pode ter um significado jurídico ou ético, pode se referir ao que se deve considerar permitido ou proibido, ao mundo dos direitos e deveres ou ao mundo dos bons e dos maus, mas, como explicação fatual sobre a forma como um soberano acumula "poder" - como se fosse uma mercadoria - em grau suficiente que lhe permite chegar a tal ou tal resultado, o termo não significa nada. Apenas declara que conferir poder cria poderosos; mas essa tautologia não esclarece coisa alguma. O que é "poder", o que é "conferir"? E quem o confere, e como se dá esse conferir?[1] O processo pa-

1 Um dos críticos russos de Tolstói, M.M. Rubinshtein *op. cit.* 80 ss., citado mais acima (36-37/1), diz que toda ciência emprega *alguns* conceitos não analisados para explicar o que é assunto de outras ciências, e que o "poder" vem a

rece muito diferente de qualquer coisa discutida pelas ciências físicas. Conferir é uma ação, mas ininteligível; conferir poder, adquiri-lo, usá-lo não têm nada a ver com comer, beber, pensar ou andar. Continuamos no escuro: *obscurum per obscurius*.[1]

Depois de demolir juristas, moralistas e filósofos políticos - entre eles, o seu amado Rousseau -, Tolstói se põe a demolir a teoria liberal da história, segundo a qual tudo pode ser determinado por algo que pode parecer uma ocorrência acidental insignificante. Daí as páginas em que ele tenta obstinadamente provar que Napoleão sabia tão pouco do que se passava de fato durante a batalha de Borodin quanto o mais humilde soldado raso das suas tropas, e que, portanto, o seu resfriado de véspera, tão excelsamente tratado pelos historiadores, não teria feito nenhuma grande diferença. Ele argumenta de forma muito convincente que agora apenas aquelas ordens ou decisões emitidas pelos comandantes que calharam de coincidir com o que efetivamente ocorreu mais tarde parecem especialmente cruciais (e nisso se

---

ser o conceito central inexplicado da história. Mas a questão de Tolstói é que nenhuma outra ciência é capaz de "explicar" o poder, visto que, da forma como é utilizado pelos historiadores, é um termo sem significado, não um conceito, mas simplesmente nada - *vox nihili* ["a voz de nada"].

1 ["O obscuro pelo mais obscuro", *i.e.*, explicar algo obscuro em termos de algo ainda mais obscuro.]

concentram os historiadores), ao passo que inúmeras outras ordens e decisões igualmente semelhantes e plenamente boas, que pareciam não menos cruciais e vitais para os que as emitiram na época, ficam esquecidas porque, ofuscadas por guinadas desfavoráveis dos acontecimentos, não foram, pois não puderam ser, executadas e por isso agora parecem despidas de importância histórica.

Depois de descartar a teoria heroica da história, Tolstói passa com fúria ainda maior para a sociologia científica, a qual alega ter descoberto leis da história, mas que não pode ter encontrado nenhuma, porque o número de causas que determinam os acontecimentos é grande demais para o conhecimento ou o cálculo humano. A quantidade de fatos que conhecemos é pequena demais, e nossa seleção entre eles se dá de forma aleatória e de acordo com nossas inclinações subjetivas. Sem dúvida, se fôssemos oniscientes, seríamos capazes, como o observador ideal de Laplace, de traçar o curso de cada gota que compõe o fluxo da história, mas somos, claro, pateticamente ignorantes e as áreas do nosso conhecimento são muitíssimo pequenas comparadas ao que não está mapeado e (Tolstói insiste com veemência nesse ponto) é não mapeável. O livre-arbítrio é uma ilusão da qual é impossível nos desvencilharmos, mas, como dizem os grandes filósofos, nem por isso deixa de ser uma ilusão, e deriva exclusivamente da ignorância das causas verdadeiras. Quanto mais sabemos sobre as circunstâncias de uma ação, quanto maior a sua distância temporal em relação a nós, mais difícil é desconsiderar suas consequências; quanto mais solidamente um fato está arraigado no mundo efetivo em que vivemos, menos conseguimos imaginar como teriam sido as coisas se tivesse acontecido algo diferente. Pois agora parece inevitável: pensar de outra forma subverteria demais a ordem do nosso mundo. Quanto mais intimamente relacionamos uma ação com o seu contexto, menos livre o agente parece ser, menos responsável pela sua ação, e menor é a nossa propensão a considerá-lo responsável ou culpado por aquilo. O fato de que jamais identificaremos todas as causas, jamais relacionaremos todas as ações humanas às circunstâncias que as condicionam, não significa que elas sejam livres: significa apenas que nunca saberemos de que maneira se fazem necessárias.

A tese central de Tolstói - em alguns aspectos não diferente da teoria do inevitável "autoengano" da burguesia, adotada pelo seu contemporâneo Karl Marx, salvo que o que Marx reserva para uma classe, Tolstói vê em quase toda a humanidade - é que existe uma lei natural que determina a vida dos seres humanos tanto quanto a natureza; mas que os homens, incapazes de encarar esse processo inexorável, procuram representá-lo como uma sucessão de livres escolhas e atribuir a responsabilidade pelos acontecimentos a indivíduos a quem atribuem virtudes heroicas ou vícios heroicos e os chamam de "grandes homens". O que são grandes homens? São seres humanos comuns ignorantes e presunçosos o suficiente para aceitar a responsabilidade pela vida da sociedade, indivíduos que preferem assumir a culpa por todas as crueldades, injustiças, calamidades e justificá-las no seu próprio nome, a reconhecer a sua insignificância e impotência no fluxo cósmico que segue o seu curso, independentemente das vontades e dos ideais deles. Este é o ponto central daquelas passagens (em que primava Tolstói) que descrevem o curso efetivo dos acontecimentos, ao lado das explicações egocêntricas e absurdas que os indivíduos inflados com o sentimento da sua importância pessoal necessariamente dão a eles; bem como das maravilhosas descrições dos momentos de iluminação em que a verdade sobre a condição humana desponta sobre os que têm a humildade de reconhecer a sua própria insignificância e irrelevância. Este é o objetivo também daquelas passagens filosóficas em que, numa linguagem mais feroz do que a de Spinoza, mas com intenções semelhantes às dele, são expostos os erros das pseudociências.

Há uma analogia especialmente vívida[1] em que o grande homem é comparado ao carneiro que o pastor está engordando para o abate. Como o carneiro está engordando devidamente, e talvez seja usado como guia do rebanho, ele pode imaginar com facilidade que é o líder do rebanho e que os outros carneiros vão por onde vão apenas em obediência à sua vontade. Assim pensa ele, e pode ser que o rebanho pense o mesmo. No entanto, a finalidade para a qual foi escolhido não é o papel que ele crê desempenhar, e sim o abate - finalidade concebida por seres cujos objetivos nem ele, nem os outros carneiros são capazes de imaginar. Para Tolstói, Napoleão é um carneiro desses, e em certa medida Alexandre também, e na verdade todos os grandes homens da história. Com efeito, como apontou um perspicaz historiador literário,[2] Tolstói às vezes parece ignorar quase deliberadamente as evidências históricas e mais de uma vez distorce conscientemente os fatos para reforçar a sua tese predileta.

A figura de Kutúzov é um desses casos. Heróis como Pierre Bezúkov ou Karatáiev pelo menos são

---

1 *Voina i mir*, epílogo, parte I, capítulo 2, T xii 239; W 1249.

2 Ver Chklóvski, *op. cit.* (34/1), capítulos 7 e 8, e também K.V. Pokróvski, "Istochniki romana 'Voina i mir'", in Obnínski e Polner, *op. cit.* (36-37/1), 113-28.

imaginários, e Tolstói tinha o direito inquestionável de dotá-los com todos os atributos que admirava - humildade, liberdade frente à cegueira burocrática, científica e outras cegueiras de tipo racionalista. Mas Kutúzov era uma pessoa real, e por isso é tanto mais instrutivo observar os passos dados por Tolstói para transformá-lo, passando do sibarita ardiloso, velho, fraco, do cortesão corrupto e um tanto sicofanta das versões iniciais de *Guerra e paz*, que eram baseadas em fontes autênticas, para o símbolo inesquecível do povo russo em toda a sua simplicidade e sabedoria intuitiva. Quando chegamos à célebre passagem - uma das mais comoventes na literatura - em que Tolstói descreve o momento em que o velho é despertado no seu acampamento em Letachevka para ser informado de que o exército francês está em retirada, deixamos os fatos para trás e entramos num reino imaginário, numa atmosfera histórica e emocional da qual há apenas frágeis evidências concretas, mas que é artisticamente indispensável para os desígnios de Tolstói. A apoteose final de Kutúzov é totalmente a-histórica, a despeito das reiteradas declarações de Tolstói sobre a sua inflexível devoção à causa sagrada da verdade.

Em *Guerra e paz*, Tolstói trata os fatos com soberbo desprezo quando lhe convém, porque ele está, acima de tudo, obcecado com a sua tese - o contraste entre, por um lado, a experiência universal importantíssima, mas ilusória, do livre-arbítrio, o senso de responsabilidade, os valores da vida privada em geral e, por outro lado, a realidade do inexorável determinismo histórico, na verdade não vivenciado diretamente, mas sabidamente verdadeiro em bases teóricas irrefutáveis. Essa guinada corresponde a um conflito interno torturante, um entre muitos, do próprio Tolstói, entre os dois sistemas de valores, o público e o privado. Por um lado, se esses sentimentos e experiências imediatos nos quais, em última análise, se baseiam os valores comuns dos indivíduos privados e também dos historiadores não passam de uma grande ilusão, então, em nome da verdade, é preciso que isso seja implacavelmente demonstrado e os valores e as explicações que derivam da ilusão sejam desmascarados e desacreditados. Em certo sentido, Tolstói tenta fazê-lo, especialmente quando está filosofando, como nas grandes cenas públicas do próprio romance, nas partes de batalha, nas descrições dos movimentos das gentes, nas indagações metafísicas. Mas, por outro lado, ele também faz o exato contrário quando põe em contraste esse panorama da vida pública e o valor superior da experiência pessoal, quando põe em contraste a realidade concreta e multicolorida das vidas individuais e as pálidas abstrações de cientistas ou historiadores, em especial esses últimos, "de Gibbon a Buckle",[1] aos quais denuncia com tanta severidade por confundirem as suas categorias vazias com os fatos reais. E, no entanto, o primado dessas experiências, relações e virtudes privadas tem como pressuposto aquela visão da vida, com o seu senso de responsabilidade pessoal, a crença na liberdade e na possibilidade de uma ação espontânea, a que são dedicadas as melhores páginas de *Guerra e paz* e que, caso se queira encarar a verdade, é exatamente a ilusão a ser exorcizada.

Esse terrível dilema nunca chega a ser resolvido. Às vezes Tolstói vacila, como na exposição das suas intenções que publicou antes de lançar a parte final de *Guerra e paz*.[2] O indivíduo é "em certo sentido" livre quando apenas ele está envolvido: assim, quando ergue o braço, ele é livre dentro dos limites físicos. Mas, a partir do momento em que se envolve em relações com outros, ele deixa de ser livre, e faz parte do fluxo inexorável. A liberdade é real, mas está restrita a atos triviais. Outras vezes, mesmo esse débil raio de esperança se extingue: Tolstói se declara incapaz de admitir sequer a mais ínfima exceção à lei universal; o determinismo causal ou permeia tudo ou não é nada e reina o caos. As ações dos homens podem

1 *Voina i mir*, epílogo, parte 2, capítulo 1, T xii 297; W 490.
2 "Neskol'ko slov po povodu knigi: 'Voina i mir'" (1868), T xvi 5-16.

parecer livres do vínculo social, mas não são livres, não podem ser livres, fazem parte dele. A ciência não consegue destruir a consciência de liberdade sem a qual não há moral nem arte, mas consegue refutá-la. "Poder" e "acaso" não passam de nomes para a ignorância das cadeias causais, mas as cadeias existem, sintamo-las ou não. Felizmente não sentimos, pois, se sentíssemos o peso delas, mal conseguiríamos agir; a perda da ilusão iria paralisar a vida que é vivida com base na nossa feliz ignorância. Mas não tem problema, pois nunca descobriremos todas as cadeias causais operantes: o número de tais causas é infinitamente grande e as próprias causas são infinitamente pequenas; os historiadores selecionam entre elas uma quantidade absurdamente pequena e atribuem tudo a essa minúscula parte arbitrariamente escolhida. Como operaria uma ciência histórica ideal? Usando uma espécie de cálculo por meio do qual esse "diferencial", os infinitesimais - ações e acontecimentos humanos e não humanos infinitamente pequenos -, se integraria e dessa forma não se distorceria mais o continuum da história rompendo-o em segmentos arbitrários.[1] Tolstói apresenta essa ideia de cálculo por infinitesimais com grande clareza e com o seu habitual uso simples, vívido e preciso dos termos. Henri

1 *Voina i mir*, vol. 3, parte 3, capítulo 1, T xi 264-7; W 909-11.

Bergson, que fez nome com a sua teoria da realidade como um fluxo artificialmente fragmentado pelas ciências naturais e, com isso, distorcido e roubado de continuidade e vida, desenvolveu uma abordagem muito semelhante numa extensão infinitamente maior, com menos clareza, menos plausibilidade e com um desnecessário desfile terminológico.

Não é uma concepção mística ou intuicionista da vida. A nossa ignorância sobre a maneira como acontecem as coisas se deve não a alguma inacessibilidade intrínseca das primeiras causas, mas apenas à multiplicidade delas, à pequenez das unidades últimas e à nossa própria incapacidade de ver, ouvir, lembrar, registrar e coordenar uma quantidade suficiente do material disponível. A onisciência, em princípio, é possível mesmo para os seres empíricos, mas na prática, claro, é inatingível. Apenas isso, e nada mais profundo ou mais interessante, é a fonte da megalomania humana, de todas as nossas ilusões absurdas. Visto que não somos de fato livres, mas não podemos viver sem a convicção de que o somos, o que devemos fazer? Tolstói não chega a nenhuma conclusão clara, somente à ideia, em alguns aspectos semelhante à de Burke, de que é melhor perceber que entendemos o que se passa tal como de fato entendemos - como, em larga medida, as pessoas espontâneas, normais, simples, não corrompidas por teorias, não cegadas pela poeira levantada pelas autoridades científicas, de fato entendem a vida – do que tentar derrubar tais crenças do senso comum, que pelo menos possuem o mérito de ter sido testadas pela longa experiência, em favor de pseudociências que, sendo fundadas em dados absurdamente inadequados, não passam de uma armadilha e de uma ilusão. É este o seu argumento contra todas as formas de racionalismo otimista, contra as ciências naturais, as teorias liberais do progresso, o conhecimento militar alemão especializado, a sociologia francesa e todas as presunçosas engenharias sociais. E é esta a sua razão para inventar um Kutúzov que seguia o seu instinto simples, russo, inculto, e desprezava ou ignorava os especialistas alemães, franceses e italianos, e para alçá-lo à posição de um herói nacional, posição que, em parte como resultado do retrato pintado por Tolstói, ele conserva até hoje.

Em 1868, logo após o lançamento da última parte de *Guerra e paz*, Akhcharumov observou que as figuras de Tolstói eram reais e não meros peões nas mãos de um destino ininteligível;[1] a teoria do autor, por outro lado, era engenhosa, mas descabida. Esta continuou a ser a visão geral dos críticos literários russos e em larga medida também dos estrangeiros. Os intelectuais russos de esquerda atacaram Tolstói por "indiferentismo social", por desqualificar todos

1 N.D. Akhcharumov, *op. cit.* (35/1),4, 40.

os nobres impulsos sociais como uma mescla de ignorância e tola monomania, e por um ceticismo "aristocrático" em relação à vida como um pântano incapaz de ser recuperado; Flaubert e Turguêniev, como vimos, consideravam a tendência a filosofar algo infeliz em si mesmo; o único crítico que levou a doutrina a sério e tentou fornecer uma refutação racional foi o historiador Kariéiev.[1] Com calma e comedimento, ele assinalou que, por fascinante que possa ser o contraste entre a realidade da vida pessoal e a vida do formigueiro social, as conclusões de Tolstói não procediam. Sim, é verdade que o homem é um átomo vivendo a sua vida consciente "por si mesmo" e, ao mesmo tempo, é o agente inconsciente de alguma corrente histórica, um elemento relativamente insignificante no vasto conjunto composto por uma enorme quantidade de tais elementos. *Guerra e paz*, diz-nos Kariéiev, é "um poema histórico sobre o tema filosófico da dualidade da vida humana"[2] - e Tolstói tinha plena razão em protestar que o que faz a história acontecer não é a combinação de entidades obscuras como "poder" ou "atividade mental", como pretendem os historiadores ingênuos; de fato, segundo Kariéiev, o seu ponto alto foi denunciar a tendência de escritores

1 N.I. Kariéiev, "Istoricheskaya filosofiya v 'Voine i mire'", *Vestnik Evropy* 22 nº 4 (julho-agosto de 1887), 227-69.
2 *Ibid.* 230; cf. *Voina i mir*, vol. 3, parte 1, capítulo 1, T xi 16; W 665 ("Há dois lados na vida de todo homem").

de mentalidade metafísica a idealizar ou atribuir eficácia causal a entidades abstratas como "heróis", "forças históricas", "forças morais", "nacionalismo", "razão" e assim por diante, dessa forma cometendo em simultâneo os dois pecados mortais de inventar entidades não existentes para explicar acontecimentos concretos e de dar rédea livre a tendenciosidades pessoais, nacionais, classistas ou metafísicas.

Até aí, tudo bem, e tem-se que Tolstói mostrou maior discernimento - "maior realismo" - do que a maioria dos historiadores. Também tinha razão em exigir a integração dos infinitesimais da história. Mas isso ele mesmo já fizera ao criar os indivíduos do seu romance, que não são triviais precisamente na medida em que, nas suas personalidades e ações, "somam" incontáveis outros que, em conjunto, realmente "movem a história". Esta *é* a integração dos infinitesimais, não, claro, por meios científicos, e sim por meios "artístico-psicológicos". Tolstói tinha razão em abominar abstrações, mas isso o levara longe demais, de forma que acabou negando não só que a história fosse uma ciência natural como a química - o que estava correto -, mas também que fosse ciência, atividade com os seus próprios conceitos e generalizações pertinentes, coisa que, em sendo verdade, aboliria toda a história enquanto tal. Tolstói tinha razão em dizer que as "forças" e os "fins" impessoais dos historiadores anteriores eram mitos, e mitos perigosamente enganosos, mas, a menos que nos fosse permitido perguntar o que fazia com que este ou aquele grupo de indivíduos - os quais, ao fim e ao cabo, eram evidentemente as únicas coisas reais - se comportasse de tal e de tal maneira, sem precisar fornecer primeiramente análises psicológicas separadas de cada membro do grupo e então "integrar" todos eles, de forma alguma poderíamos pensar em história ou sociedade. Mas pensamos, e com proveito, e negar que podíamos descobrir muitas coisas pela observação social, por inferência histórica e recursos similares equivalia, para Kariéiev, a negar que dispúnhamos de critérios mais ou menos confiáveis para distinguir entre verdade e falsidade histórica - e tal posição certamente era mero preconceito, obscurantismo fanático.

Kariéiev afirma que são, sem dúvida, os homens que criam as formas sociais, mas essas formas - as maneiras como eles vivem - afetam, por sua vez, os nascidos dentro delas; as vontades individuais podem não ser onipotentes, mas tampouco são totalmente impotentes, e algumas têm mais efeito do que outras. Napoleão pode não ser um semideus, mas tampouco é um mero epifenômeno de um processo que teria ocorrido da mesma maneira sem ele; as "pessoas importantes" são menos importantes do que elas mesmas ou os historiadores mais tolos podem supor, mas tampouco são sombras; os indivíduos, além da sua vida interior íntima, que é a única coisa que parece real para Tolstói, têm objetivos sociais, e entre eles também há alguns com grande força de vontade e estes às vezes transformam a vida das comunidades. A noção de leis inexoráveis de Tolstói, que operam sozinhas, independentemente do que os homens possam pensar ou querer, é ela própria um mito opressor; as leis são apenas probabilidades estatísticas, pelo menos nas ciências sociais, e não "forças" medonhas e inexoráveis - conceito cuja obscuridade, observa Kariéiev, o próprio Tolstói expôs com tanto brilho e malícia em outros contextos, quando o seu oponente lhe parecia ingênuo demais ou esperto demais ou sob o domínio de alguma metafísica grotesca. Mas dizer que os homens, a menos que façam a história, são eles mesmos, e especialmente os "grandes", meros "rótulos", pois a história faz a si mesma, e somente a vida inconsciente da colmeia social, do formigueiro humano, tem genuíno significado ou valor e "realidade" - o que é isso, se não um ceticismo ético totalmente a-histórico e dogmático? Por que iríamos aceitá-lo quando as evidências empíricas apontam em outra direção?

As objeções de Kariéiev são muito plausíveis, as mais sensatas e mais claramente formuladas entre todas as levantadas contra a concepção de história de Tolstói. Mas, em certo sentido, ele não entendeu uma questão fundamental. Tolstói não estava primariamente empenhado em desmascarar as falácias de histórias baseadas neste ou naquele esquematismo metafísico, ou daquelas que tentavam explicar demais em termos de um único elemento escolhido e especialmente caro ao autor (e Kariéiev concorda com tudo isso), nem em refutar a possibilidade de uma ciência empírica da sociologia (o que Kariéiev considera pouco razoável da parte dele) a fim de estabelecer alguma teoria rival da sua própria lavra. A preocupação de Tolstói com a história deriva de uma fonte mais profunda do que um interesse abstrato pelo método histórico ou objeções filosóficas a determinados tipos de prática histórica. Parece brotar de algo mais pessoal, de um forte conflito interno entre a sua experiência concreta e as suas crenças, entre a sua visão da vida e a sua teoria do que a vida e ele mesmo deveriam ser, caso tal visão se sustentasse minimamente; entre os dados imediatos, que ele era honesto e inteligente demais para ignorar, e a necessidade de uma interpretação desses dados que não levasse aos absurdos pueris de todas as visões anteriores. Pois a única convicção à qual, por temperamento e intelecto, ele se manteve fiel durante toda a sua vida era a de que todas as tentativas anteriores de uma teodiceia racional – explicar como e por que o que acontecia, acontecia daquela forma e naquele momento, e por que era bom ou mau que devesse ou não devesse ser assim

–, todos esses esforços eram absurdos grotescos, embustes toscos que bastava uma única palavra arguta e honesta para se desfazerem.

O crítico russo Borís Eikhenbaum, que escreveu a melhor obra crítica sobre Tolstói em qualquer língua, desenvolve ao longo dela a tese de que o que mais oprimia Tolstói era a sua falta de convicções positivas, e que a famosa passagem em *Ana Karenina*, em que o irmão de Lévin lhe diz que ele – Lévin – não tem nenhuma crença positiva, e que mesmo o comunismo, com a sua simetria "geométrica" artificial, é melhor do que o tipo de ceticismo total dele – Lévin –, se refere ao próprio Lev Nikoláievitch e às críticas que o seu irmão Nikolai Nikoláievitch lhe faz.[1] Quer a passagem seja ou não literalmente autobiográfica – e poucas coisas nos escritos de Tolstói não são assim –, a teoria de Eikhenbaum no geral parece válida. Tolstói, por natureza, não era um visionário; via os múltiplos objetos e situações na terra na sua plena multiplicidade; captava com uma clareza ímpar as suas essências individuais e o que os separava daquilo que não eram. Qualquer teoria reconfortante que tentasse reunir, relacionar, "sintetizar", revelar substratos escondidos e conexões internas ocultas que, embora não visíveis a olho nu, mesmo assim garantiam a unidade de todas

1 B.M. Eikhenbaum, *Lev Tolstoy* (Leningrado, 1928–60), i 123–4.

as coisas, o fato de que eram "em última instância" partes mutuamente integradas, sem pontas soltas - o ideal da totalidade inconsútil -, todas essas doutrinas ele detonava com desdém e sem dificuldade. O seu gênio consistia na percepção de propriedades específicas, da qualidade individual quase inexprimível em virtude da qual um determinado objeto era único e diferente de todos os outros. Apesar disso, ele ansiava por um princípio explicativo universal, isto é, a percepção de semelhanças ou origens comuns, ou da mesma e única finalidade, ou da unidade na aparente variedade das pecinhas e pedacinhos mutuamente excludentes que compunham o mobiliário do mundo.[1] Como todos os analistas muito perspicazes, muito imaginativos, de visão muito clara que dissecam ou pulverizam a fim de atingir o núcleo indestrutível e justificam as suas atividades aniquiladoras (das quais, de todo modo, não podem se abster) com a crença na existência de tal núcleo, ele continuou a destroçar as frágeis construções dos seus rivais com frio desprezo, como indignas de homens inteligentes, sempre na esperança de que a unidade "real" freneticamente buscada logo emergiria da destruição das

1 Aqui mais uma vez ressurge o paradoxo: pois os "infinitesimais", cuja integração é a tarefa do historiador ideal, precisam ser razoavelmente uniformes para que essa operação seja possível; todavia, o senso de "realidade" consiste no senso das suas diferenças únicas e irredutíveis.

farsas e fraudes - o trôpego exército das filosofias setecentistas e oitocentistas da história. E, quanto mais obsessiva a suspeita de que a busca talvez fosse vã, que jamais se descobriria qualquer núcleo e qualquer princípio unificador, mais ferozes eram as medidas para liquidar esse pensamento, com eliminações cada vez mais engenhosas e impiedosas e com mais e mais falsos pretendentes ao título da verdade. Conforme Tolstói se afastava da literatura e seguia para textos polêmicos, essa tendência se tornava cada vez mais acentuada: a irritada consciência no fundo do seu intelecto de que, em princípio, jamais se encontraria qualquer solução definitiva fazia com que ele atacasse as soluções espúrias com ainda maior selvageria pelo falso reconforto que ofereciam - e por serem um insulto à inteligência.[1] O gênio puramente intelectual de Tolstói para esse tipo de atividade letal era enorme, excepcional, e ele procurou durante toda a sua vida algum edifício com solidez suficiente para resistir às suas máquinas de destruição, às suas minas e

1 Hoje em dia, os existencialistas franceses, por razões psicológicas semelhantes, investem contra todas as explicações desse gênero por serem um mero anestésico a fim de paralisar questões sérias, paliativos efêmeros para feridas que são insuportáveis, mas precisam ser suportadas, e sobretudo não negadas ou "explicadas", pois tudo explicar é deixar de explicar, e isso é negar o dado - o existente - os fatos brutos.

aos seus aríetes; queria ser detido por um obstáculo irremovível, queria que os seus violentos projéteis encontrassem a resistência de fortificações invulneráveis. A grande razoabilidade de Kariéiev, os seus métodos experimentais e a sua branda objeção acadêmica se afiguravam discrepantes demais do sólido alicerce final, impenetrável e irredutível da verdade que era a única base sobre a qual se poderia edificar aquela interpretação segura da vida que Tolstói, durante toda a sua existência, quis encontrar.

A tênue doutrina "positiva" da mudança histórica em *Guerra e paz* é tudo o que resta dessa busca desesperada, e é a imensa superioridade das armas ofensivas em relação às armas defensivas de Tolstói que sempre fez com que a sua filosofia da história - a teoria das partículas minúsculas, requerendo integração - sempre parecesse tão esgarçada e tão artificial para o leitor médio, razoavelmente crítico e moderadamente sensível, do romance. Daí a tendência da maioria dos comentadores de *Guerra e paz*, tanto logo após a publicação quanto em anos posteriores, a defender a tese de Akhcharumov de que o gênio de Tolstói consistia na sua qualidade de escritor, de criador de um mundo mais real do que a própria vida, ao passo que as indagações teóricas, ainda que o próprio Tolstói pudesse considerá-las como o ingrediente mais importante do livro, não lançavam de fato qualquer luz sobre o caráter ou o valor da obra em si, nem sobre o processo criativo que levara à sua realização. Esse juízo antecipava a abordagem daqueles críticos psicológicos que sustentam que o autor muitas vezes pouco conhece as fontes da sua atividade pessoal: que as fontes do seu gênio lhe são invisíveis, o processo em si é em larga medida inconsciente e o propósito professado pelo autor é uma mera racionalização mental sua dos motivos e métodos reais, porém pouco conscientes, envolvidos no ato da criação e, por conseguinte, muitas vezes é um mero obstáculo para aqueles estudiosos imparciais da arte e da literatura que estão empenhados na análise "científica" - naturalista - das suas origens e evolução.

Qualquer que seja o nosso parecer sobre a validade geral dessa perspectiva, não deixa de ser uma ironia histórica que Tolstói tenha vindo a ser tratado dessa maneira: pois é praticamente assim que ele trata os historiadores acadêmicos, dos quais zomba com tão voltairiana ironia. E, no entanto, há aí também uma espécie de justiça poética: pois a desproporção entre os elementos críticos e os elementos construtivos no seu próprio filosofar parece decorrer do fato de que o seu senso de realidade (uma realidade que reside unicamente nas pessoas individuais e nos seus relacionamentos) servia para detonar todas as grandes teorias que ignoravam as suas descobertas, mas em si se revelava insuficiente para fornecer a base de uma exposição geral mais satisfatória dos fatos. E não existe qualquer indicação de que o próprio Tolstói tenha alguma vez considerado possível que esta era a raiz da "dualidade", o fracasso em reconciliar as duas vidas vividas pelo homem.

O conflito irresolvido entre a sua crença de que somente os atributos da vida pessoal são reais e a sua doutrina de que a análise deles é insuficiente para explicar o curso da história (isto é, o comportamento das sociedades) encontra paralelo, num nível mais profundo e mais pessoal, no conflito entre, por um lado, os seus dotes pessoais como escritor e como indivíduo e, por outro lado, os seus ideais - os quais às vezes ele acreditava encarnar e nos quais sempre profundamente acreditou e desejou ser.

Se relembrarmos mais uma vez a nossa divisão dos artistas entre raposas e ouriços: Tolstói percebia a realidade na sua multiplicidade, como um conjunto de entidades separadas ao redor e dentro das quais ele enxergava com uma clareza e uma penetração praticamente inigualadas, mas acreditava apenas numa vasta totalidade unitária. Nenhum autor jamais mostrou tais poderes de percepção da variedade da vida - as diferenças, os contrastes, as colisões entre pessoas, coisas e situações, cada qual apreendida no seu caráter absolutamente único e transmitida com um grau de frontalidade e uma precisão imagética concreta que não se encontram em nenhum outro escritor. Nunca ninguém superou Tolstói na expressão do sabor específico, da qualidade exata de um sentimento – o grau da sua "oscilação", o fluxo e o refluxo, os movimentos minúsculos (dos quais Turguêniev zombava como mero artifício seu) – a "sensação", a textura interna e externa de um olhar, de um pensamento, da fisgada de um sentimento, tanto quanto de uma situação específica, de um período todo, das vidas de indivíduos, famílias, comunidades, nações inteiras. A célebre verossimilhança de todos os objetos e de todas as pessoas no seu mundo deriva dessa capacidade assombrosa de apresentar cada ingrediente na sua mais plena essência individual, em todas as suas múltiplas dimensões, por assim dizer: nunca como um mero dado, por vívido que fosse, dentro de algum fluxo de consciência, de contornos indefinidos, um esboço, uma sombra, uma representação impressionista; nem invocando e dependendo de algum processo de raciocínio na mente do leitor; mas sempre como um objeto sólido, visto ao mesmo tempo de perto e de longe, à luz natural e inalterável do dia, por todos os ângulos de visão possíveis, situado num contexto absolutamente específico no tempo e no espaço – um acontecimento plenamente presente aos sentidos ou à imaginação em todas as suas facetas, com todas as nuances expressas com nitidez e firmeza.

No entanto, ele acreditava no contrário. Defendia uma única visão abrangente; pregava não a variedade e sim a simplicidade, não múltiplos níveis de consciência e sim a redução a um único nível - em *Guerra e paz*, ao padrão do homem bom, da alma única, espontânea, aberta: como, mais tarde, ao padrão dos camponeses ou de uma ética cristã simples divorciada de qualquer teologia ou metafísica complexa; algum critério simples, como que utilitário, por meio do qual tudo se inter-relaciona diretamente, e todos os itens podem ser avaliados reciprocamente por alguma régua simples. O gênio de Tolstói consiste numa capacidade de reprodução espantosamente precisa do irreprodutível, na evocação quase miraculosa da individualidade plena e intraduzível do indivíduo, que induz no leitor uma aguda consciência da presença do próprio objeto, e não uma mera descrição sua, empregando para isso metáforas que captam a qualidade de uma determinada experiência enquanto tal e evitando aqueles termos gerais que a relacionam com casos semelhantes, ignorando as diferenças individuais - as "oscilações" do sentimento - em favor do que há de comum a todos eles. E no entanto esse mesmo escritor defende, na verdade prega com grande fúria, em especial na sua fase religiosa final, exatamente o contrário: a necessidade de eliminar tudo o que não se submeta a um padrão muito geral e muito simples: digamos, o que agrada ou não agrada ao gosto dos camponeses, ou o que os Evangelhos dizem ser bom.

Essa violenta contradição entre os dados da experiência, dos quais ele não conseguia se desprender e que, evidentemente, sempre soube durante toda a vida que eram as únicas coisas reais, e a sua crença profundamente metafísica na existência de um sistema a que eles, quer pareçam ou não, *devem* pertencer, esse conflito entre o juízo instintivo e a convicção teórica - entre os seus dotes e as suas opiniões - reflete o conflito irresolvido entre a realidade da vida moral, com o seu senso de responsabilidade, alegrias, tristezas, sentimento de culpa e sentimento de realização - os quais, mesmo assim, são todos eles mera ilusão - e as leis que governam tudo, embora não possamos conhecer mais do que uma ínfima parte delas - de forma que todos os cientistas e historiadores que dizem conhecê-las e ser guiados por elas estão mentindo e enganando -, mas que mesmo assim são as únicas coisas reais. Em comparação a Tolstói, Gógol e Dostoiévski, cuja anormalidade é com tanta frequência posta em contraste com a "sanidade" de Tolstói, são personalidades bem integradas, com uma perspectiva coerente e uma visão única. No entanto, foi desse violento conflito que surgiu *Guerra e paz*: a sua maravilhosa solidez não nos deve deixar cegos à profunda clivagem que se escancara sempre que Tolstói lembra, ou melhor, relembra a si mesmo - não consegue esquecer - o que está fazendo e por quê.

IV

As teorias raramente nascem no vazio. A questão das raízes da concepção de história de Tolstói é, portanto, pertinente. Tudo o que Tolstói escreve sobre história traz o selo da sua personalidade original, uma qualidade própria negada à maioria dos escritores sobre assuntos abstratos. Sobre esses temas ele escrevia como amador, não como profissional, mas lembremos que ele fazia parte da classe dominante do seu país e da sua época, conhecendo-a e entendendo-a plenamente; viveu num ambiente excepcionalmente povoado de teorias e ideias, examinou uma quantidade enorme de material para *Guerra e paz* (embora, como mostraram vários estudiosos russos,[1] não tanto quanto às vezes se supõe), viajou muito e conheceu muitas figuras públicas de destaque na Alemanha e na França.

Que Tolstói lia muito e era influenciado pelo que lia, quanto a isso não há dúvida. É sabido que devia muito a Rousseau e provavelmente extraiu dele, tanto quanto de Diderot e do Iluminismo francês, as suas formas analíticas e anti-históricas de abordar os problemas sociais, em especial a tendência de tratá-los em termos de categorias lógicas, morais e metafísicas atemporais e não procurar a essência deles,

---

1 Por exemplo, Chklóvski (*passim*) e Eikhenbaum (i 259-60) nas obras citadas mais acima (34/1, 80/1).

como defendia a escola histórica alemã, em termos de desenvolvimento e reação a um ambiente histórico em mutação. Manteve-se admirador de Rousseau, e mesmo em fase avançada da vida ainda recomendava *Emílio* como o melhor livro de todos os tempos sobre a educação.[1] Rousseau deve ter fortalecido, se é que não foi ele que lhe deu origem, a sua tendência crescente de idealizar o solo e os seus lavradores - o camponês simples, que para Tolstói é o repositório de um sortimento de virtudes "naturais" quase tão rico quanto o nobre selvagem de Rousseau. Rousseau deve ter reforçado também o camponês rústico e grosseiro em Tolstói, com o seu veio fortemente moralista e puritano, a sua desconfiança e antipatia pelos ricos, poderosos e felizes por o serem, o seu veio de autêntico vandalismo e ocasionais surtos de raiva cega, muito russa, contra a sofisticação e o refinamento ocidentais, e aquela adulação da "virtude" e dos gostos simples, da vida moral "sadia", o barbarismo antiliberal militante, que é uma das contribuições específicas de Rousseau ao leque de ideias jacobinas. Rousseau talvez o tenha

1 "On n'a pas rendu justice à Rousseau. [...] J'ai lu tout Rousseau, oui, tous les vingt volumes, y compris le *Dictionnaire de musique*. Je faisais mieux que l'admirer; je lui rendais une culte véritable"; "Não se fez justiça aRousseau. [...] Li todo o Rousseau, sim, todos os vinte volumes, inclusive o *Dicionário de música*. Eu não me limitava a admirá-lo; rendia-lhe um verdadeiro culto": *loc. cit.* (52/2).

influenciado também na atribuição de um enorme valor à vida familiar e na sua doutrina da superioridade do coração em relação ao intelecto, das virtudes morais em relação às virtudes intelectuais ou estéticas. Esses aspectos já foram observados anteriormente, e são verdadeiros e esclarecedores, mas não explicam a teoria da história de Tolstói, que poucos traços encontra na profunda a-historicidade de Rousseau. Com efeito, enquanto Rousseau procura derivar o direito de alguns homens à autoridade sobre outros a partir de uma teoria de transferência do poder em conformidade com o Contrato Social, Tolstói o refuta desdenhosamente.

Aproximamo-nos um pouco mais da verdade quando consideramos a influência dos eslavófilos românticos e conservadores da época sobre Tolstói. Nos meados dos anos 1860, quando estava escrevendo *Guerra e paz*, ele era próximo de alguns deles, em especial de Pogódin e Samárin, e certamente compartilhava a mesma aversão às teorias científicas da história então em voga, quer fosse o positivismo metafísico de Comte e seguidores, ou as concepções mais materialistas de Tchernychévski e Píssarev, bem como as de Buckle, Mill e Herbert Spencer, e da tradição empirista britânica geral, tingida pelo materialismo científico francês e alemão, às quais todas essas figuras muito diferentes pertenciam de variadas maneiras. Os eslavófilos (e talvez em especial

Tiútchev, por cuja poesia Tolstói sentia profunda admiração) podem ter contribuído para desacreditar junto a ele as teorias históricas formuladas aos moldes das ciências naturais, que, para Tolstói tanto quanto para Dostoiévski, não conseguiam dar uma verdadeira explicação do que faziam e sofriam os homens. Eram inadequadas quando menos porque ignoravam a experiência "interior" do ser humano, tratavam-no como um objeto natural movido pelas mesmas forças que moviam todos os outros elementos constitutivos do mundo material e, depositando confiança nos enciclopedistas franceses, tentavam estudar o comportamento social como se estudaria uma colmeia ou um formigueiro, e então reclamavam porque as leis que assim formulavam não conseguiam explicar o comportamento dos seres humanos existentes. Esses medievalistas românticos, além disso, podem ter fortalecido o anti-intelectualismo e o antiliberalismo naturais de Tolstói, e a sua visão profundamente cética e pessimista da força dos motivos não racionais no comportamento humano, que ao mesmo tempo dominam os seres humanos e os iludem a respeito de si mesmos - em suma, aquela perspectiva conservadora inata que desde cedo fez com que Tolstói se tornasse uma figura profundamente suspeita para a intelectualidade russa radical dos anos 1850 e 1860, levando-a a vê-lo com preocupação, pois, no final das contas, era um conde, um oficial e um reacionário, não um intelectual como eles, não genuinamente esclarecido ou de forma alguma um *révolté*, a despeito dos seus mais enfáticos protestos contra o sistema político, das suas heterodoxias, do seu niilismo destrutivo.

Mas, embora Tolstói e os eslavófilos possam ter combatido um inimigo comum, as suas visões positivas divergiam acentuadamente. A doutrina eslavófila derivava sobretudo do idealismo alemão, em particular da concepção de Schelling (apesar das honras formalmente prestadas a Hegel e aos seus intérpretes) de que não era possível obter o conhecimento verdadeiro por meio da razão, mas apenas por uma espécie de autoidentificação imaginativa com o princípio central do universo - o espírito do mundo -, tal como artistas e pensadores em momentos de inspiração divina. Alguns eslavófilos a identificavam com as verdades reveladas da religião ortodoxa e a tradição mística da Igreja russa, legando-a aos filósofos e poetas simbolistas russos de uma geração posterior. Tolstói estava no polo oposto de tudo isso. Acreditava que somente pela paciente observação empírica era possível obter algum conhecimento; que esse conhecimento era sempre inadequado, que as pessoas simples muitas vezes conhecem melhor a verdade do que os eruditos, não por serem veículos inspirados do sopro divino, mas porque a sua observação dos homens e da natureza é menos toldada por teorias vazias. Encontra-se em tudo o que Tolstói escreveu um afiado veio de senso comum que elimina automaticamente fantasias metafísicas e tendências indisciplinadas à experiência esotérica, ou as interpretações poéticas ou teológicas da vida que estão no centro da perspectiva eslavófila, e (como no caso análogo do romantismo anti-industrial do Ocidente) determinavam tanto o ódio da eslavofilia à política e à economia em acepção comum quanto o seu nacionalismo místico. Além disso, os eslavófilos cultuavam o método histórico como o único que desvendava a verdadeira natureza - revelada apenas no seu impalpável desenvolvimento ao longo do tempo - tanto das instituições individuais quanto das ciências abstratas.

Nada disso conseguiria ressoar de forma simpática na mente tão rija e prosaica de Tolstói, especialmente o Tolstói realista dos anos intermediários; se o camponês Platon Karatáiev tem algo em comum com o ethos agrário dos ideólogos eslavófilos (e, na verdade, pan-eslavistas) - a sabedoria rural simples contra os absurdos do inteligentíssimo Ocidente -, mesmo assim Pierre Bezúkov, nos rascunhos iniciais de *Guerra e paz*, termina a vida como dezembrista e exilado na Sibéria, e não há como concebê-lo em todas as suas andanças espirituais vindo por fim a encontrar reconforto em algum sistema metafísico, e menos ainda no seio da Igreja Ortodoxa ou de qualquer outra igreja estabelecida. Os eslavófilos desnudavam as pretensões da ciência social e psicológica ocidental, e isso era simpático a Tolstói; mas as doutrinas positivas deles pouco lhe interessavam. Ele era contra mistérios ininteligíveis, contra os véus brumosos da antiguidade, contra qualquer espécie de recurso a bobagens mirabolantes; o seu retrato hostil dos maçons em *Guerra e paz* se manteve até o fim como uma representação sintomática da sua posição. Isso só pode ter sido reforçado pelo seu interesse nos escritos do exilado Proudhon, a quem visitou em 1861, cujo confuso irracionalismo, puritanismo, ódio à autoridade e aos intelectuais burgueses, rousseauísmo geral e tom violento evidentemente lhe agradavam. É mais do que possível que o título do seu romance tenha sido adotado a partir de *La Guerre et la paix* de Proudhon, publicado no mesmo ano.

Se os idealistas alemães clássicos não tiveram nenhum efeito direto sobre Tolstói, houve pelo menos um filósofo alemão por quem ele expressou admiração. Na verdade, não é difícil ver por que consideravam Schopenhauer atraente: esse pensador solitário pintava um retrato sombrio da vontade humana impotente se debatendo desesperadamente contra as rígidas leis do universo; discorria sobre a vaidade de todas as paixões humanas, o absurdo dos sistemas racionais, o fracasso universal em entender as fontes não racionais da ação e do sentimento, o sofrimento a que toda carne está sujeita, assim sendo desejável, por conseguinte, reduzir a vulnerabilidade humana reduzindo-se cada qual à condição do máximo quietismo, em que, não tendo paixões, o indivíduo não pode ser frustrado, humilhado ou ferido. Essa célebre doutrina refletia as visões posteriores de Tolstói – que o homem sofre muito porque busca demais, é tolamente ambicioso e superestima grotescamente as suas capacidades. Pode ser que provenha também de Schopenhauer a acrimoniosa ênfase dada ao conhecido contraste entre a ilusão do livre-arbítrio e a realidade das leis férreas que regem o mundo, em especial a exposição do inevitável sofrimento necessariamente causado por essa ilusão, visto que é impossível fazê-la desaparecer. Tal é, tanto para Schopenhauer quanto para Tolstói, a tragédia central da vida humana: se ao menos os homens se dessem conta de quão pouco os mais inteligentes e mais dotados dentre eles são capazes de controlar, de quão pouco são capazes de conhecer entre a enorme multiplicidade de fatores cujo movimento ordenado constitui a história do mundo; se se dessem conta, sobretudo, do presunçoso absurdo que é alegar que se percebe uma ordem só por acreditar desesperadamente que alguma ordem deve existir, sendo que tudo o que realmente se percebe é um caos sem sentido – um caos cuja forma suprema, o microcosmo em que se reflete a um intenso grau a desordem da vida humana, é a guerra.

Entre todas as dívidas literárias de Tolstói, a mais reconhecida é, claro, a que tem para com Stendhal. Na sua célebre entrevista em 1901 com Paul Boyer, Tolstói apontou Stendhal e Rousseau como os dois escritores a quem mais devia, e acrescentou que tudo o que aprendera sobre a guerra, aprendera com a descrição da batalha de Waterloo feita por Stendhal em *A cartuxa de Parma*, em que Fabrice vagueia pelo campo de batalha "sem entender 'nada'". Acrescentou também que essa concepção - a guerra "sem brilho" ou "embelezamento" -, da qual lhe falara o irmão Nikolai, mais tarde ele veio a verificar pessoalmente durante o serviço militar que prestou na Guerra da Crimeia.[1] Nunca nada foi tão altamente elogiado por soldados na ativa quanto as vinhetas de Tolstói sobre episódios de guerra, descrevendo como se afiguram as batalhas aos que estão efetivamente engajados nelas.

Tolstói, sem dúvida, estava certo em declarar que devia muito dessa luz crua a Stendhal. Mas há por detrás de Stendhal uma figura ainda mais crua, ainda mais destrutiva, de quem Stendhal pode muito bem ter derivado, pelo menos em parte, o seu novo método de interpretar a vida social, um escritor celebrado cujas obras Tolstói certamente conhecia e por quem tinha uma dívida maior do que se costuma

1 *Ibid.* ("*il n'y a point de panache à la guerre*").

supor - pois dificilmente se pode atribuir a notável semelhança entre as posições de ambos ao acaso ou às misteriosas operações do *Zeitgeist*. Essa figura era o famoso Joseph de Maistre, e a história completa da sua influência sobre Tolstói, embora tenha sido notada por estudiosos de Tolstói e por pelo menos um crítico de Maistre,[1] ainda está, em larga medida, por ser escrita.

V

Em 7 de dezembro de 1864, em meio à redação de *Guerra e paz*, Tolstói escreveu ao editor Piotr Barténev, que atuava como uma espécie de assistente geral seu, pedindo-lhe para enviar "Maistre",[2] isto é, livros de Maistre, e em 1º de novembro de 1865 anotou no seu diário: "Estou lendo Maistre".[3] Não faltam razões para que Tolstói estivesse lendo aquele autor então relativamente pouco lido. O conde Joseph de Maistre era um monarquista saboiano que inicialmente fizera nome escrevendo tratados antirrevolucionários nos anos finais do século 18. Embora normalmente classificado como escritor reacionário católico ortodoxo,

---

1 Ver Adolfo Omodeo, *Un reazionario: il conte J. de Maistre* (Bari, 1939), 112, nota 2.
2 T lxi 61.
3 "Читаю [Chitayu] Maistr'a", T xlviii 66.

pilar da Restauração bourbônica e defensor do *status quo* pré-revolucionário, em especial da autoridade papal, ele era muito mais do que isso. Defendia posições misantropas e rigidamente heterodoxas sobre a natureza dos indivíduos e das sociedades, e escrevia com uma violência crua e irônica sobre a natureza incuravelmente selvagem e cruel do homem, a inevitabilidade da perpétua carnificina, o caráter de instituição divina das guerras e o papel preponderante da paixão pela autoimolação nos assuntos humanos, a qual, mais do que a socialidade natural ou acordos artificiais, cria igualmente exércitos e sociedades civis. Frisava a necessidade de uma autoridade absoluta, de punição e repressão contínua para que a civilização e a ordem pudessem sobreviver. O tom e o conteúdo dos seus textos estão mais próximos de Nietzsche, de d'Annunzio e dos arautos do fascismo moderno do que dos monarquistas respeitáveis da sua época, e causaram agitação entre os legitimistas e na França napoleônica. Em 1803, Maistre foi enviado pelo seu senhor, o rei de Piemonte-Sardenha, então exilado em Roma como vítima de Napoleão e logo obrigado a se mudar para a Sardenha, como o seu representante semioficial à corte de São Petersburgo. Maistre, que possuía considerável traquejo social e aguda percepção do seu ambiente, causou grande impressão na sociedade da capital russa como cortesão refinado, homem de espírito e observador político arguto. Permaneceu em São Petersburgo de 1803 a 1817, e as suas cartas e despachos diplomáticos requintadamente redigidos e muitas vezes misteriosamente percucientes e proféticos, bem como a sua correspondência privada e as várias anotações avulsas sobre a Rússia e os seus habitantes, enviadas também aos amigos e consultores entre a nobreza russa, constituem uma fonte inestimavelmente valiosa de informações sobre a vida e as opiniões dos círculos dirigentes do Império russo durante e logo após o período napoleônico.

Ele morreu em 1821, tendo escrito vários ensaios teológico-políticos, mas as edições definitivas das suas obras, em especial a célebre *Les Soirées de Saint-Pétersbourg*, que, na forma de um diálogo platônico, tratava da natureza, das sanções do governo humano e de outros problemas políticos e filosóficos, bem como a sua *Correspondance diplomatique* e as cartas, só foram publicadas integralmente nos anos 1850 e começo dos anos 1860 pelo filho Rodolphe e por outros. O franco ódio de Maistre pela Áustria, o seu antibonapartismo e a importância crescente do reino piemontês antes e depois da Guerra da Crimeia, naturalmente aumentaram naquela data o interesse por sua personalidade e seu pensamento. Começaram a sair livros sobre ele, gerando muitos debates em círculos literários e históricos russos. Tolstói tinha as

Soirées, além da correspondência diplomática e das cartas de Maistre, e encontraram-se exemplares dessas obras na biblioteca em Yasnaya Polyana. De todo modo, é muito claro que elas foram utilizadas extensamente por Tolstói em *Guerra e paz*.[1] Assim, a famosa descrição da intervenção de Paulucci no debate do Estado-Maior russo em Drissa é uma reprodução quase literal de uma carta de Maistre. Analogamente, a conversa do príncipe Vassíli, na recepção na casa de Madame Scherer, com o "homme de beaucoup de mérite"[2] sobre Kutúzov é visivelmente baseada numa carta de Maistre, em que se encontram todas as frases e expressões que pontilham a conversa. Além disso, há uma nota à margem num dos rascunhos iniciais de Tolstói, "Em Anna Pavlovna, J. Maistre", que se refere ao personagem que conta para a bela Hélène e a um círculo de ouvintes admirados a anedota idiota sobre o encontro de Napoleão e o duque d'Enghien no jantar junto com a célebre atriz mademoiselle Georges.[3] E, ainda, o hábito do velho príncipe Bolkônski de mudar a cama de um quarto para outro é provavelmente extraído de uma história em que Maistre menciona o hábito similar do conde Stróganov. Por fim, o nome

1 Ver Eikhenbaum, *op. cit.* (80/1), i 308–17.
2 *Voina i mir*, vol. 3, parte 2, capítulo 6, T xi 127, 128; W 782, 783.
3 *Ibid.*, vol. 1, parte 1, capítulo 3, T x 13–16; W 10–13. Para a nota, ver T xiii 687.

de Maistre aparece no próprio romance,[1] entre os que concordam que seria constrangedor e insensato capturar os príncipes e marechais mais eminentes do exército de Napoleão, pois isso só criaria dificuldades diplomáticas. Jíkharev, cujas memórias Tolstói sabidamente usou, encontrou Maistre em 1807 e o descreveu em cores brilhantes;[2] algo da atmosfera que se encontra nessas memórias se faz presente na descrição dos importantes *émigrés* na sala de estar de Anna Pavlovna Scherer, com que se inicia *Guerra e paz*, e nas suas outras referências à sociedade elegante de Petersburgo daqueles tempos. Esses ecos e paralelos foram cuidadosamente cotejados por estudiosos tolstoianos e não deixam dúvida sobre a extensão dos empréstimos feitos por Tolstói.

Entre esses paralelos há similaridades de uma espécie mais importante. Maistre explica que a vitória do lendário Horácio sobre os coriáceos - como todas as vitórias em geral - se deu pelo fator intangível do moral dos combatentes, e Tolstói comenta analogamente a suprema importância dessa quantidade desconhecida para determinar o resultado das batalhas - o impalpável "ânimo" dos soldados e dos comandantes. Essa ênfase sobre o imponderável e o

1 *Ibid.*, vol. 4, parte 3, capítulo 19, T xii 167; W 1182.
2 S.P. Jíkharev, *Zapiski sovremennika: dnevnik chinovnika* (Moscou, 1934), ii 112-13.

incalculável faz parte integrante do irracionalismo geral de Maistre. De forma mais clara e mais ousada do que qualquer outro antes dele, Maistre afirmava que o intelecto humano não passava de um débil instrumento quando lançado contra o poder das forças naturais, e que as explicações racionais da conduta humana raramente explicavam alguma coisa. Sustentava que apenas o irracional, precisamente porque desafiava as explicações e, portanto, não tinha como ser enfraquecido pelas atividades críticas da razão, era capaz de persistir e ser forte. E como exemplos apontava instituições irracionais como o casamento e a monarquia hereditária, que sobreviviam era após era, ao passo que instituições racionais como a monarquia eletiva ou os relacionamentos pessoais "livres" rapidamente e sem nenhuma "razão" óbvia caíam por terra em qualquer lugar onde fossem implantados. Maistre concebia a vida como uma batalha selvagem em todos os níveis, entre plantas e animais, tal como entre indivíduos e nações, uma batalha da qual não se esperava nenhum ganho, mas que se originava de algum anseio primordial, misterioso, sanguinário, autoimolador insuflado por Deus. Esse instinto era muito mais poderoso do que os débeis esforços de homens racionais que tentavam alcançar a paz e a felicidade (o que, de todo modo, não era o desejo mais profundo do coração humano - apenas da sua caricatura, o intelecto liberal) planejando a vida da sociedade sem levar em conta as forças violentas que, mais cedo ou mais tarde, inevitavelmente fariam com que as suas frágeis estruturas caíssem como castelos de cartas.

Maistre considerava o campo de batalha típico da vida em todos os seus aspectos, e ridicularizava os generais que pensavam estar realmente controlando os movimentos das suas tropas e dirigindo o curso da batalha. Declarou que ninguém, no real calor da batalha, nem de longe sabe o que está se passando:

> On parle beaucoup de batailles dans le monde sans savoir ce que c'est; on est surtout assez sujet à les considérer comme des points, tandis qu'elles couvrent deux ou trois lieues de pays: on vous dit gravement: Comment ne savez-vous pas ce qui s'est passé dans ce combat puisque vous y étiez? tandis que c'est précisément le contraire qu'on pourrait dire assez souvent. Celui qui est à la droite sait-il ce qui se passe à la gauche? sait-il seulement ce qui se passe à deux pas de lui? Je me représente aisément une de ces scènes épouvantables: sur un vaste terrain couvert de tous les apprêts du carnage, et qui semble s'ébranler sous les pas des hommes et des chevaux; au milieu du feu et des tourbillons de fumée; étourdi, transporté par le retentissement des armes à feu et des instruments militaires, par des voix qui commandent, qui

hurlent ou qui s'éteignent; environné de morts, de mourants, de cadavres mutilés; possédé tour à tour par la crainte, par l'espérance, par la rage, par cinq ou six ivresses différentes, que devient l'homme? que voit-il? que sait-il au bout de quelques heures? Que peut-il sur lui et sur les autres? Parmi cette foule de guerriers qui ont combattu tout le jour, il n'y en a souvent pas un seul, et pas même le général, qui sache où est le vainqueur. Il ne tiendrait qu'à moi de vous citer des batailles modernes, des batailles fameuses dont la mémoire ne périra jamais, des batailles qui ont changé la face des affaires en Europe, et qui n'ont été perdues que parce que tel ou tel homme a cru qu'elles l'étaient; de manière qu'en supposant toutes les circonstances égales, et pas une goutte de sang de plus versée de part et d'autre, un autre général aurait fait chanter le Te Deum chez lui, et forcé l'histoire de dire tout le contraire de ce qu'elle dira.[1]

---

1 *Les Soirées de Saint-Pétersbourg* (1821), sétima conversa: *Oeuvres complètes de J. de Maistre* (Lyon/Paris, 1884–7) [doravante OC] v 33–4; Joseph de Maistre, *St Petersburg Dialogues*, trad. Richard A. Lebrun (Montreal etc., 1993) [doravante SPD] (de onde foram baseadas as traduções desta conversa nas notas) 222–3. "Fala-se muito de batalhas no mundo sem saber o que são; acima de tudo, tende-se muitas vezes a considerá-las como pontos, sendo que elas se estendem por duas ou três léguas de solo: dizem-lhe seriamente: *Como você não sabe o que se passou nesse combate,*

E adiante: "N'avons-nous pas fini même par voir perdre des batailles gagnées? [...] Je crois en général que les batailles ne se gagnent ni ne se perdent point physiquement".[1] E mais uma vez, numa linha seme-

---

já que estava lá?, sendo que muitas vezes se poderia dizer exatamente o contrário. Aquele que está à direita sabe o que se passa à esquerda? Sabe sequer o que se passa a dois passos dele? Imagino facilmente uma dessas cenas espantosas: num vasto terreno coberto com todos os apetrechos da carnificina, e que parece estremecer sob os passos dos homens e dos cavalos; no meio do fogo e dos redemoinhos de fumaça; atordoado, arrebatado pelo estrondo das armas de fogo e dos instrumentos militares, por vozes que comandam, gritam ou se extinguem; cercado por mortos, moribundos, corpos mutilados; tomado, alternadamente, pelo medo, pela esperança, pela raiva, por cinco ou seis ebriedades distintas - o que se torna o homem? o que ele vê? o que sabe ele depois de algumas horas? O que pode fazer por si ou pelos outros? Entre essa multidão de combatentes que lutaram o dia inteiro, muitas vezes não há um só, nem mesmo o general, que saiba onde está o vencedor. Eu poderia lhes citar batalhas modernas, batalhas famosas cuja memória jamais perecerá, batalhas que mudaram o rumo dos assuntos na Europa e que só foram perdidas porque tal ou tal homem acreditou que estavam perdidas; de modo que, supondo todas as circunstâncias iguais e sem que se derramasse uma gota de sangue a mais de um ou de outro lado, um outro general teria feito entoarem o *Te Deum* no seu país e obrigado a história a dizer totalmente o contrário do que dirá."

1 *Ibid.*, 35; SPD 223. "Não acabamos de ver a derrota de batalhas vitoriosas? [...] Acredito, em geral, que as batalhas não se vencem nem se perdem fisicamente."

lhante: "De même une armée de 40.000 hommes est inférieure physiquement à une autre armée de 60.000: mais si la première a plus de courage, d'expérience et de discipline, elle pourra battre la seconde; car elle a plus d'action avec moins de masse, et c'est ce que nous voyons à chaque page de l'histoire."[1] E por fim: "C'est l'opinion qui perd les batailles, et c'est l'opinion qui les gagne".[2] A vitória é uma questão não física, e sim moral ou psicológica:

> *qu'est ce qu'une bataille perdue?* [...] *C'est une bataille qu'on croit avoir perdue.* Rien n'est plus vrai. Un homme qui se bat avec un autre est vaincu lorsqu'il est tué ou terrassé, et que l'autre est debout; il n'en est pas ainsi de deux armées: l'une ne peut être tuée, tandis que l'autre reste en pied. Les forces se balancent ainsi que les morts, et depuis surtout que l'invention de la poudre a mis plus d'égalité dans les moyens de destruction, une bataille ne se perd plus matériellement; c'est-à-dire parce qu'il y a plus de morts d'un côté que

1 *Ibid.*, 29; SPD 220. "Da mesma forma, um exército de 40 mil homens é fisicamente inferior a outro exército de 60 mil; mas, se o primeiro tem mais coragem, experiência e disciplina, poderá vencer o segundo, pois tem mais ação com menos massa, e é o que vemos a cada página da história."
2 *Ibid.*, 31 (omitido por engano em SPD). "É a opinião que perde as batalhas, e é a opinião que as vence."

> de l'autre: aussi Frédéric II, qui s'y entendait un peu, disait: *Vaincre, c'est avancer.* Mais quel est celui qui avance? c'est celui dont la conscience et la contenance font reculer l'autre.[1]

Não há e não pode haver ciência militar, pois "C'est l'imagination qui perd les batailles",[2] e "peu de batailles sont perdues physiquement - vous tirez, je tire: [...] le véritable vainquer, comme le véritable vaincu, c'est celui qui croit l'être".[3]

Tal é a lição que Tolstói diz ter extraído de Stendhal, mas nas palavras do príncipe Andrei sobre Austerlitz

---

1 *Ibid.*, 32; SPD 221. "*O que é uma batalha perdida? [...] É uma batalha que se crê ter perdido.* Nada é mais verdadeiro. Um homem que luta com outro é derrotado quando é morto ou derrubado e o outro permanece de pé; não é assim com dois exércitos: um não pode ser morto enquanto o outro permanece de pé. As forças se equilibram tal como os mortos, e principalmente desde que a invenção da pólvora introduziu maior igualdade nos meios de destruição, já não se perde materialmente uma batalha, isto é, por haver mais mortes de um lado do que do outro: assim Frederico II, que entendia um pouco dessas coisas, dizia: *vencer é avançar*. Mas qual é o que avança? é aquele cuja consciência e semblante fazem o outro recuar."

2 *Ibid.*, 33; SPD 222. "É a imaginação que perde as batalhas."

3 Carta de 14 de setembro de 1812 ao conde de Front: OC xii 220-1. "Poucas batalhas se perdem fisicamente - você atira, eu atiro: [...] o verdadeiro vencedor, como o verdadeiro vencido, é aquele que acredita sê-lo."

– "Perdemos porque desde o começo dizíamos a nós mesmos que tínhamos perdido"[1] –, assim como a atribuição da vitória russa sobre Napoleão à força da vontade de sobreviver dos russos, ressoa Maistre e não Stendhal.

Esse paralelismo próximo entre as ideias de Maistre e Tolstói sobre o caos e o caráter incontrolável de guerras e batalhas, com as suas implicações maiores sobre a vida humana em geral, junto com o desprezo de ambos pelas explicações ingênuas dadas pelos historiadores acadêmicos para elucidar a violência e a luxúria humana pela guerra, foi comentado pelo eminente historiador francês Albert Sorel, numa preleção pouco conhecida feita em 7 de abril de 1888 na École des Sciences Politiques.[2] Ele traçou um pa-

---

1 [Mais literalmente: "Dizíamos a nós mesmos desde o começo que tínhamos perdido a batalha, e de fato perdemo-la."] *Voina i mir*, vol. 3, parte 2, capítulo 25, T xi 206; W 855.

2 Albert Sorel, "Tolstoï historien', *Revue bleue* 41 (janeiro–junho de 1888), 460–9. Essa apresentação, reeditada em forma revista in Sorel, *Lectures historiques* (Paris, 1894), tem sido injustamente negligenciada por estudiosos de Tolstói; ela contribui muito para corrigir as posições daqueles – p.ex., P.I. Biriukov, *Lev Nikolaevich Tolstoi: biografiya* (Moscou, 1906–8) e Pokróvski, *op. cit.* (68/2), isso sem mencionar críticos e historiadores literários posteriores, que quase sem exceção se baseiam na autoridade deles – que omitem qualquer referência a Maistre. Émile Haumant é quase o único entre os estudiosos iniciais a

ralelo entre Maistre e Tolstói e observou que, embora Maistre fosse um teocrata e Tolstói um "niilista", ambos consideravam misteriosas as causas primeiras dos acontecimentos, implicando a redução das vontades humanas à nulidade. "A distância", escreveu Sorel, "do teocrata ao místico e do místico ao niilista é menor do que a da borboleta à larva, da larva à crisálida, da crisálida à borboleta".[1] Tolstói se assemelha a Maistre, acima de tudo, por se interessar pelas causas primeiras, por fazer perguntas como a de Maistre, "Expliquez pourquoi ce qu'il y a de plus honorable dans le monde, au jugement de tout le genre humain sans exception, est le droit de verser innocemment le sang innocent?",[2] por rejeitar todas as respostas racionalistas ou naturalistas, por ressaltar o papel de fatores psicológicos e "espirituais" - e às vezes "zoológicos" - impalpáveis em determinar os acontecimentos, e por ressaltá-los em detrimento de análises estatísticas da força militar, de forma muito similar a Maistre nos seus despachos para o

---

ignorar a autoridade de fontes secundárias e descobrir a verdade por si mesmo: ver o seu *La Culture française en Russie (1700-1900)* (Paris, 1910), 490-2.

1 Albert Sorel, *op. cit.* (nota anterior), 462. Essa passagem é omitida da reedição de 1894 (270).

2 OC v 10; SPD 210. "Explique por que a coisa mais honrosa no mundo, segundo o juízo de todo o gênero humano sem exceção, é o direito de verter inocentemente o sangue inocente."

seu governo em Cagliari. De fato, as apresentações de Tolstói dos movimentos de massa - em batalha, e na saída dos russos fugindo de Moscou ou dos franceses fugindo da Rússia - quase poderiam ter como objetivo ilustrar concretamente a teoria de Maistre sobre o caráter não planejado e não planejável de todos os grandes acontecimentos. Mas o paralelo é mais profundo. O conde saboiano e o russo estão ambos reagindo, e reagindo violentamente, ao otimismo liberal sobre a bondade humana, a razão humana e o valor ou inevitabilidade do progresso material: ambos denunciam veementemente a ideia de que é possível alcançar a perpétua felicidade e virtude da humanidade por meios racionais e científicos.

A primeira grande onda de racionalismo otimista que se seguiu às Guerras de Religião se esfrangalhou contra a violência da grande Revolução Francesa e do despotismo político e social e da miséria econômica que se seguiram a ela: na Rússia, um desenvolvimento semelhante se despedaçou com a longa sucessão de medidas repressoras adotadas por Nicolau I para se contrapor, primeiramente, aos efeitos da revolta dezembrista e, quase um quartel de século mais tarde, à influência das revoluções europeias de 1848-1849; a isso deve-se acrescentar o efeito material e moral da derrota na Crimeia, uma década mais tarde. Em ambos os casos, o surgimento da força nua e crua matou grande parte do idealismo de espírito brando e resultou em vários tipos de realismo e dureza - entre outros, o socialismo materialista, o neofeudalismo autoritário, o nacionalismo a ferro e sangue e outros movimentos duramente antiliberais. No caso de Maistre e Tolstói, apesar das suas profundas e intransponíveis diferenças psicológicas, sociais, culturais e religiosas, a desilusão adotou a forma de um agudo ceticismo em relação ao método científico enquanto tal, a desconfiança de qualquer liberalismo, positivismo, racionalismo e todas as formas de elevado secularismo então influentes na Europa Ocidental, e levou a uma ênfase deliberada sobre os aspectos "desagradáveis" da história humana, dos quais os românticos sentimentais, os historiadores humanistas e os teóricos sociais otimistas pareciam decididamente desviar os olhos.

Tanto Maistre quanto Tolstói falavam dos reformadores políticos (num exemplo interessante, do próprio representante individual deles, o estadista russo Speransky) no mesmo tom de amarga ironia e desdém. Maistre era suspeito de ter efetivamente colaborado para a queda e exílio de Speransky; Tolstói, através dos olhos do príncipe Andrei, descreve o rosto pálido do favorito de outrora de Alexandre, as suas mãos macias, as suas maneiras arrogantes e ostensivas, a artificialidade e vacuidade dos seus movimentos - como que indicando, de certo modo, a irrealidade da sua pessoa e das suas atividades liberais - de uma forma que Maistre só poderia aplaudir. Ambos falam dos intelectuais com desprezo e hostilidade. Maistre os considera não meramente como baixas grotescas do processo histórico - advertências medonhas criadas pela Providência para assustar a humanidade e fazê-la voltar à antiga fé apostólica romana -, mas como seres perigosos para a sociedade, uma seita pestilenta de contestadores e corruptores da juventude cuja atividade corrosiva exige que todos os governantes prudentes tomem providências. Tolstói os trata mais com desprezo do que ódio, representando-os como criaturas medíocres, mal orientadas, de intelecto fraco, com ilusões de grandeza. Maistre os considera como uma raça de gafanhotos sociais e políticos, um cancro no coração da civilização cristã, que é a coisa mais sagrada que existe e só será preservada com os heroicos esforços do papa e da sua Igreja. Para Tolstói, são uns tolos metidos a inteligentes, tecendo sutilezas vazias, cegos e surdos às realidades que almas mais simples conseguem captar, e de tempos em tempos arremete contra eles com a violência brutal de um velho camponês rude e anárquico, vingando-se após anos de silêncio dos macacos tolos e tagarelas criados na cidade, tão sabichões e cheios de palavrórios que explicam tudo, superiores, impotentes e vazios. Ambos descartam qualquer interpretação da história que não traga no seu centro o problema da natureza do poder, e ambos falam com desdém das tentativas racionalistas de explicá-lo. Maistre se diverte às custas dos enciclopedistas - das suas superficialidades espertas, das suas categorias claras, mas vazias - tal como Tolstói em relação aos seus descendentes um século depois, os historiadores e sociólogos científicos. Ambos professam a crença na profunda sabedoria do povo simples incorrupto, embora os mordazes *obiter dicta* de Maistre sobre a barbárie, a venalidade e a ignorância irremediáveis dos russos certamente não seriam ao gosto de Tolstói, se de fato chegou a lê-los.

Ambos, Maistre e Tolstói, consideram que o mundo ocidental está em certo sentido "apodrecendo", em rápida decadência. Tal era a doutrina que os contrarrevolucionários católicos praticamente inventaram na virada do século, e fazia parte da sua visão da Revolução Francesa como castigo divino infligido aos que se afastaram da fé cristã, em particular da Igreja Católica Apostólica Romana. Partindo da França, essa denúncia do secularismo foi levada por muitas rotas sinuosas, principalmente por periodistas de segunda categoria e os seus leitores acadêmicos, para a Alemanha e a Rússia (para a Rússia, tanto diretamente quanto em versões alemãs), onde encontrou um solo já preparado entre aqueles que, tendo pessoalmente evitado os levantes revolucionários, achavam lisonjeiro para o seu *amour propre* crer que, de todo modo, ainda prosseguiam rumo a maior glória e poder, enquanto o Ocidente, destruído pelo fracasso da sua antiga fé, estava em rápida desintegração moral e política. Tolstói sem dúvida adotou esse elemento da sua perspectiva pelo menos tanto a partir dos eslavófilos e outros chauvinistas russos quanto diretamente de Maistre, mas vale notar que essa crença é excepcionalmente poderosa nesses dois observadores mordazes e aristocráticos e governa as suas perspectivas estranhamente parecidas. Um e outro eram, *au fond*, pensadores inflexivelmente pessimistas, cuja impiedosa destruição das ilusões correntes assustava os contemporâneos, mesmo quando estes admitiam relutantes a verdade do que era dito. Embora Maistre fosse fanaticamente ultramontano e defensor das instituições estabelecidas e Tolstói, apolítico na obra inicial, não desse nenhuma mostra de radicalismo, ambos eram obscuramente vistos como niilistas – os valores humanos oitocentistas se desfaziam sob os seus dedos. Ambos procuravam alguma saída do seu próprio ceticismo inescapável e irrespondível em alguma vasta verdade que tudo impregnava e que os protegeria dos efeitos dos seus temperamentos e inclinações naturais próprias: Maistre na Igreja, Tolstói no coração humano incorrupto e no amor fraterno simples – condição que poderia conhecer, mas raramente, um ideal diante do qual ele perde toda a sua habilidade descritiva, de forma que geralmente escreve algo não artístico, canhestro e ingênuo, dolorosamente tocante, dolorosamente inconvincente e visivelmente distante da sua experiência pessoal.

Mesmo assim, não se deve exagerar a analogia: é verdade que ambos, Maistre e Tolstói, atribuem a máxima importância possível à guerra e ao conflito; mas Maistre, como Proudhon depois dele,[1] glorifica a guerra, dizendo-a misteriosa e divina, ao passo que Tolstói abomina a guerra e considera que ela, em princípio, seria explicável desde que conhecêssemos um número suficiente das múltiplas causas miúdas - o célebre

---

1 Tolstói visitou Proudhon em Bruxelas em 1861, ano em que este publicou uma obra que se chamava *La Guerre et la paix*, traduzida para o russo três anos depois. Com base nisso, Eikhenbaum tenta deduzir a influência de Proudhon sobre o romance de Tolstói. Proudhon segue Maistre ao considerar as origens das guerras como um mistério sombrio e sagrado, e há em toda a sua obra grandes doses de um irracionalismo confuso, de puritanismo, amor ao paradoxo e um rousseauísmo geral. Mas essas qualidades estão amplamente presentes no pensamento francês radical, e é difícil encontrar qualquer coisa especificamente proudhoniana, além do título, na *Guerra e paz* de Tolstói. A influência geral de Proudhon em todo o leque de intelectuais russos naquele período era, evidentemente, muito grande; assim, seria igualmente fácil e, de fato, até mais fácil montar um argumento sustentando que Dostoiévski - ou Maksim Górki - era tão *proudhonizante* quanto Tolstói; mas isso não passaria de um exercício fútil de engenhosidade crítica, pois as semelhanças são vagas e gerais, ao passo que as diferenças são mais profundas, mais numerosas e mais específicas.

"diferencial" da história. Maistre acreditava na autoridade porque era uma força irracional, acreditava na necessidade de subjugação, na inevitabilidade do crime e na importância suprema das inquisições e castigos. Considerava o carrasco como a pedra angular da sociedade, e não era à toa que Stendhal o chamava de *l'ami du bourreau* e Lamennais disse que, para Maistre, havia apenas duas realidades - o crime e o castigo -, e "todas as suas obras são como que escritas no cadafalso".[1] A visão de mundo de Maistre é a de criaturas selvagens estraçalhando umas às outras, membro por membro, matando por matar, com violência e sangue, o que ele considera com a condição normal de todas as formas de vida animada. Tolstói está longe de tanto horror, crime e sadismo,[2] e ele, *pace* Albert Sorel e Vogüé, não é de forma nenhuma um místico: não tem receio de questionar seja o que for, e acredita que há de existir alguma resposta simples - desde que não insistamos em nos atormentar

1 Carta de 8 de outubro de 1834 a Gräfin Senfft von Pilsach: Félicité de Lamennais, *Correspondance générale*, org. Louis le Guillou (Paris, 1971-81), carta 2338, vi 307.
2 Apesar disso, Tolstói também diz que milhões de homens se matam uns aos outros, sabendo que é "física e moralmente mau", porque é "necessário", pois "assim fazendo os homens cumpriam [uma] lei elementar, zoológica": *op. cit.* (71/2), 15. Isso é puro Maistre, muito distante de Stendhal ou de Rousseau.

procurando por ela em lugares estranhos e remotos, sendo que ela está o tempo todo aos nossos pés.

Maistre defendia o princípio da hierarquia e acreditava numa aristocracia abnegada, no heroísmo, na obediência e no mais rígido controle das massas sob os seus superiores sociais e teológicos. De acordo com isso, defendia que a educação na Rússia ficasse a cargo dos jesuítas; no mínimo inculcariam nos citas bárbaros o latim, que era a língua sagrada da humanidade, quando menos porque encarnava os preconceitos e superstições de eras anteriores - crenças que haviam resistido ao teste da história e da experiência -, a única capaz de erguer um muro de solidez suficiente para resistir aos terríveis ácidos do ateísmo, do liberalismo e da liberdade de pensamento. Acima de tudo, ele considerava a ciência natural e a literatura secular como mercadorias perigosas nas mãos daqueles não totalmente doutrinados contra elas, um vinho forte que embriagaria perigosamente e acabaria por destruir qualquer sociedade não acostumada a ele.

Tolstói, durante toda a sua vida, combateu o franco obscurantismo e a repressão artificial do desejo de conhecimento; as suas palavras mais duras eram dirigidas contra aqueles políticos e periodistas russos do último quartel do século 19 - Pobedonóstsev e os seus amigos e subordinados - que praticavam precisamente aquelas máximas do grande reacionário católico.

O autor de *Guerra e paz* odiava manifestamente os jesuítas e detestava em particular o sucesso deles em converter damas russas da moda durante o reinado de Alexandre – os eventos finais na vida da indigna esposa de Pierre, Hélène, quase poderiam ter se baseado nas atividades de Maistre como missionário entre a aristocracia de São Petersburgo: de fato, há todas as razões para pensar que os jesuítas foram expulsos da Rússia, e que mesmo Maistre foi praticamente chamado de volta quando o próprio imperador considerou a sua interferência demasiado explícita e demasiado bem-sucedida.

Assim, nada teria chocado e irritado tanto Tolstói quanto lhe dizerem que ele tinha muito em comum com esse apóstolo das trevas, esse defensor da ignorância e da servidão. Apesar disso, entre todos os escritores sobre questões sociais, o tom de Maistre é o que mais se assemelha ao de Tolstói. Ambos mantêm a mesma descrença sardônica, quase cínica, na melhoria da sociedade por meios racionais, pela promulgação de boas leis ou pela propagação do conhecimento científicos. Ambos falam com a mesma raivosa ironia sobre todas as explicações em voga, todas as panaceias sociais, em especial o ordenamento e planejamento da sociedade de acordo com alguma fórmula criada pelos homens. Em Maistre de modo explícito, em Tolstói de modo menos evidente, há uma atitude profundamente cética em relação a todos os especialistas e todas as técnicas, a todas as elevadas profissões de fé e tentativas de melhoria social por parte de pessoas bem-intencionadas, mas infelizmente idealistas; há a mesma aversão por qualquer um que lide com ideias, que acredite em princípios abstratos: e ambos são profundamente afetados pelo temperamento de Voltaire e rejeitam acrimoniosamente as suas concepções. Ambos apelam em última instância a alguma fonte primordial oculta na alma dos homens, Maistre mesmo enquanto denuncia Rousseau como falso profeta, Tolstói com a sua atitude mais ambígua em relação a ele. Ambos, acima de tudo, rejeitam o conceito de liberdade política individual, de direitos civis garantidos por algum sistema de justiça impessoal: Maistre, porque considerava qualquer desejo de liberdade pessoal - fosse política, econômica, social, cultural ou religiosa - como indisciplina deliberada e insubordinação estúpida, e defendia a tradição nas suas formas mais obscuramente irracionais e repressivas, pois somente ela fornecia a energia que dava vida, continuidade e firme ancoragem às instituições sociais; Tolstói rejeitava a reforma política porque acreditava que a regeneração última só poderia vir de dentro, e que a vida interior só era verdadeiramente vivida nas profundidades intocadas da massa das pessoas.

VI

Mas há um paralelo maior e mais importante entre a interpretação da história por Tolstói e as ideias de Maistre, e ele levanta questões fundamentais de princípio referentes ao conhecimento do passado. Um dos elementos mais marcantes comuns ao pensamento desses *penseurs* díspares e, na verdade, antagonistas é a preocupação de ambos com o caráter "inexorável" - a "marcha" - dos acontecimentos. Tanto Tolstói quanto Maistre veem o que ocorre como uma rede densa, opaca, inextrincavelmente complexa de acontecimentos, objetos, características, ligados e divididos por elos inidentificáveis literalmente incontáveis - e também de lacunas e descontinuidades súbitas, visíveis e invisíveis. É uma visão da realidade que faz com que todas as construções, claras, lógicas e científicas - os padrões bem definidos e simétricos da razão humana - pareçam rasas, finas, vazias, "abstratas" e totalmente ineficientes como meios de descrição ou de análise de qualquer coisa que esteja ou tenha algum dia estado viva. Maistre atribui isso à irremediável impotência das faculdades humanas de observação e raciocínio, pelo menos quando operam sem o auxílio das fontes sobrenaturais de conhecimento - a fé, a revelação, a tradição, acima de tudo a visão mística dos grandes santos e doutores da Igreja, com o seu senso especial, que escapa a análises, da realidade para o qual a ciência natural, a livre crítica e o espírito laico são fatais. Os gregos mais sábios, muitos entre os grandes romanos e, depois deles, os eclesiásticos e estadistas dominantes da Idade Média, diz-nos Maistre, tinham essa percepção; dela fluía o poder, a dignidade e o sucesso deles. Os inimigos naturais desse espírito são a inteligência e a especialização: daí o desprezo que o mundo romano tão corretamente mostrava por técnicos e especialistas - o *Graeculus esuriens*[1] -, os ancestrais remotos, mas inconfundíveis das figuras mirradas e vorazes da moderna Era Alexandrina - o terrível Século Dezoito - toda a *avocasserie* e *écrivasserie*,[2] o bando miserável de rábulas e escrevinhadores, tendo à frente a figura sórdida e predatória de Voltaire, com o seu sorriso arreganhado, destrutivo e autodestrutivo pois cego e surdo à verdadeira palavra de Deus. Somente a Igreja entende os ritmos "internos", as correntes mais "profundas" do mundo, a marcha silenciosa das coisas; *non in commotione Dominus*,[3] não em ruidosos manifestos democráticos

---

1 Juvenal, Sátira 3. 78: "Graeculus esuriens in caelum jusseris, ibit" ("Se você mandar o pequeno grego faminto ir ao céu, ele irá").

2 "Rabulice" e "escrevinhação". Ver Saint-Simon's, "Catéchisme politique des industriels" (1823-4) in *Oeuvres de Saint-Simon & d'Enfantin* (Paris, 1865-78), xxxvii 131-2.

3 *1 Reis* 19:11, Vulgata (ACF: "o Senhor não estava no terremoto").

nem na barafunda de fórmulas constitucionais, nem na violência revolucionária, mas na ordem natural eterna, regida pela lei "natural". Somente os que entendem isso sabem o que se pode e o que não se pode alcançar, o que se deve e o que não se deve tentar. Eles e somente eles detêm a chave do sucesso terreno, bem como da salvação espiritual. A onisciência pertence apenas a Deus. Mas apenas imergindo na Sua palavra, nos Seus princípios teológicos ou metafísicos, encarnados no seu grau mais baixo em instintos e superstições antigas, que são apenas formas primitivas, testadas pelo tempo, de adivinhar e obedecer às Suas leis - ao passo que o raciocínio é uma tentativa de substituir as regras arbitrárias pessoais -, é que podemos ter a ousada esperança de alcançar a sabedoria. A sabedoria prática é, em larga medida, conhecimento do inevitável: daquilo que, dada a ordem do nosso mundo, não pode senão acontecer; e, inversamente, da forma como não é possível, ou não teria sido possível, fazer as coisas; de por que alguns métodos devem terminar, não podem senão terminar, em fracasso, embora não se possa dar nenhuma razão científica ou demonstrativa para isso. Essa rara capacidade de enxergar é o que corretamente chamamos de "senso de realidade" - é um senso do que se encaixa com o quê, do que não pode existir sem o quê, e atende por muitos nomes: discernimento, sabedoria, gênio prático, um senso do passado, um entendimento da vida e do caráter humano.

A concepção de Tolstói não é muito diferente, salvo que ele apresenta como a razão da loucura das nossas pretensões exageradas de entender ou determinar os acontecimentos não um esforço tolo ou blasfemo de dispensar um conhecimento especial, isto é, sobrenatural, e sim a nossa ignorância de um número excessivo dentre a quantidade enorme de inter-relações – as miúdas causas determinantes dos acontecimentos. Se sequer começássemos a conhecer a rede causal na sua variedade infinita, deixaríamos de louvar e culpar, de vangloriar e lamentar ou de ver os seres humanos como heróis ou vilões, mas nos submeteríamos com a devida humildade à inevitável necessidade. Mas dizer apenas isso é caricaturar as crenças de Tolstói. De fato, a sua doutrina explícita em *Guerra e paz* é que toda verdade reside na ciência – no conhecimento das causas materiais – e, por conseguinte, tornamo-nos ridículos ao chegar a conclusões com pouquíssimas evidências, nesse aspecto comparando-nos desfavoravelmente a camponeses ou selvagens, os quais, não sendo muito mais ignorantes do que nós, pelo menos têm pretensões mais modestas; mas não é essa a visão de mundo que, de fato, está por trás de *Guerra e paz*, de *Ana Karenina* ou de qualquer outra obra pertencente a esse período da vida de Tolstói. Kutúzov é sábio, e não meramente esperto como, por exemplo, o oportunista Drubetskói ou Bilíbin, e não é vítima de dogmas ou heróis abstratos como os especialistas militares alemães; é diferente deles e mais sábio do que eles - mas isso não porque conheça mais fatos e disponha de um maior número das "causas miúdas" dos acontecimentos do que os seus conselheiros ou os seus adversários - do que Pfuel, Paulucci, Berthier ou o rei de Nápoles. Karatáiev traz uma iluminação a Pierre, ao passo que os maçons não traziam, mas não porque Pierre tenha informações científicas superiores às das lojas maçônicas russas; Lévin passa por uma experiência durante o trabalho nos campos, e o príncipe Andrei enquanto jaz ferido no campo de Batalha de Austerlitz, mas em nenhum dos casos houve uma descoberta de novos fatos ou de novas leis em qualquer acepção comum do termo. Pelo contrário, quanto maior o acúmulo de fatos de que dispõe a pessoa, mais fútil é a sua atividade, mais inevitável é o seu fracasso - como mostra o grupo de reformadores que cercam Alexandre. Eles e homens como eles só se salvam do desespero faustiano por obtusidade (como os alemães, os especialistas militares e os especialistas em geral), por vaidade (como Napoleão), por frivolidade (como Oblônski) ou por impiedade (como Karênin).

O que Pierre, o príncipe Andrei e Lévin descobrem? E o que estão procurando, e qual é o centro e o clímax da crise espiritual resolvida pela experiência que transforma a vida deles? Não a penosa percepção de quão pouco da totalidade de fatos e leis conhecidos pelo observador onisciente de Laplace eles – Pierre, Lévin e os demais – podem alegar ter descoberto; não uma simples admissão de ignorância socrática. E menos ainda consiste no que é quase o polo oposto – uma consciência nova e mais precisa das "leis férreas" que regem as nossas vidas, uma visão da natureza como máquina ou fábrica, a cosmologia dos grandes materialistas, Diderot, La Mettrie ou Cabanis, ou dos escritores científicos da metade do século 19 idolatrados pelo "niilista" Bazarov em *Pais e filhos* de Turguêniev; tampouco algum senso transcendente da unicidade inexprimível da vida de que deram testemunho poetas, místicos e metafísicos de todas as épocas. Mesmo assim, algo *é* percebido: há uma visão ou, pelo menos, um relance, um momento de revelação que em algum sentido explica e reconcilia, uma teodiceia, uma justificação do que existe e acontece, bem como a sua elucidação. Em que consiste? Tolstói não nos diz em muitas palavras: pois, quando (nas suas obras posteriores, explicitamente didáticas), ele se põe a dizê-lo, a sua doutrina já não é a mesma. Todavia, nenhum leitor de *Guerra e paz* há de passar sem perceber nada do que lhe é dito. E isso não só nas cenas de Kutúzov ou de Karatáiev ou em outras passagens como que teológicas ou metafísicas – mas ainda mais, por exemplo, na seção narrativa e não filosófica do epílogo, em que Pierre, Natacha, Nikolai Rostov e a princesa Marie aparecem assentados nas suas novas vidas sólidas e sóbrias, com a sua rotina cotidiana estabelecida. Aqui pretende-se claramente que vejamos que esses "heróis" do romance – as pessoas "boas" –, depois de dez anos ou mais de tempestades e agonias, agora alcançaram uma espécie de paz, baseada num certo grau de entendimento: entendimento de quê? Da necessidade de se submeter: a quê? Não simplesmente à vontade de Deus (não pelo menos durante a redação dos grandes romances, nos anos 1860 ou 1870), nem às "leis férreas" das ciências, mas às relações permanentes entre as coisas e à textura universal da vida humana, apenas nas quais é possível encontrar a verdade e a justiça por uma espécie de conhecimento "natural", um tanto aristotélico.

Isso é, acima de tudo, captar o que a vontade humana e a razão humana podem e o que não podem fazer. Como se pode saber? Não por uma investigação e descoberta específica, mas por uma percepção, não necessariamente explícita ou consciente, de certas características gerais da vida e da experiência humanas. E a mais importante e mais presente delas é a linha essencial que divide a "superfície" e as "profundezas" – de um lado, o mundo dos dados perceptíveis, descritíveis, analisáveis, tanto físicos quanto psicológicos, tanto "externos" quanto "internos", tanto públicos quanto privados, com que lidam as ciências, embora em algumas áreas - aquelas que se situam fora da física - os avanços sejam ínfimos, e, de outro lado, a ordem que, por assim dizer, "contém" e determina a estrutura da experiência, o arcabouço dentro do qual é preciso conceber a experiência - isto é, nós e tudo o que vivenciamos - ali estabelecida, que permeia os nossos hábitos de pensamento, ação, sentimento, as nossas emoções, esperanças, desejos, as nossas maneiras de falar, acreditar, reagir, ser. Nós - criaturas sencientes - estamos em parte vivendo num mundo cujos constituintes podemos descobrir, classificar e agir com base neles por meio de métodos racionais, científicos, deliberadamente planejados; mas estamos em parte (ou na maior parte, como dizem Tolstói, Maistre e muitos outros pensadores) imersos e submersos num meio que, na exata medida em que inevitavelmente o tomamos como parte de nós mesmos, não o observamos nem podemos observá-lo como se estivéssemos do lado de fora; não podemos identificá-lo, medi-lo e tentar manejá-lo; não podemos sequer ter plena percepção dele, na medida em que permeia intimamente demais toda a nossa experiência, está demasiado entrelaçado com tudo o que somos e fazemos para ser retirado do fluxo (ele *é* o fluxo) e observado com distanciamento científico, como um objeto. Ele - o meio onde estamos - determina as nossas categorias mais permanentes, os nossos critérios de verdade e de falsidade, de realidade e de aparência, do bom e do mau, do central e do periférico, do subjetivo e do objetivo, do bonito e do feio, do movimento e do repouso, do passado, do presente e do futuro, do uno e do múltiplo; e por isso nenhum deles nem quaisquer outros conceitos ou categorias explicitamente concebidos podem ser aplicados a ele - pois é em si um nome vago para a totalidade que inclui essas categorias, esses conceitos, o arcabouço último, os pressupostos básicos por meio dos quais operamos.

No entanto, embora não possamos analisar o meio sem algum (impossível) ponto de vista exterior a ele (pois não existe um "exterior"), mesmo assim alguns seres humanos percebem melhor - ainda que não possam descrevê-lo - a textura e a direção dessas porções "submersas" das suas vidas próprias e de todos os demais; percebem melhor do que outros que ignoram a existência do meio que tudo permeia (o "fluxo da vida") e que são corretamente chamados de superficiais; ou tentam lhe aplicar instrumentos - científicos, metafísicos - adequados apenas a objetos acima da superfície, a parcela relativamente consciência e manobrável da nossa experiência, e assim chegam a absurdos nas suas teorias e a derrotas humilhantes na prática. A sabedoria é a capacidade de admitir o meio inalterável (pelo menos por nós) em que agimos - assim como admitimos a presença geral, digamos, do tempo ou do espaço, que caracteriza toda a nossa experiência - e desconsiderar, de maneira mais ou menos consciente, as "tendências inevitáveis", os "imponderáveis", o "modo como seguem as coisas". Não é conhecimento científico, e sim uma sensibilidade especial aos contornos das circunstâncias em que estamos situados; é uma capacidade de viver sem entrar em atrito com alguma condição ou fator permanente que não pode ser alterado ou nem mesmo plenamente descrito ou calculado; uma capacidade de ser guiado por regras práticas - a "sabedoria imemorial" que dizem residir nos camponeses e outras "gentes simples" - onde, em princípio, não se aplicam regras científicas. Esse senso inexprimível de orientação cósmica é o "senso de realidade", o "saber" como viver.

Tolstói às vezes fala como se a ciência fosse em princípio, se não na prática, capaz de penetrar e conquistar tudo; nesse caso, saberíamos as causas de tudo o que existe, e saberíamos que não somos livres e sim totalmente determinados - o que é tudo o que os mais sábios podem vir a saber. Assim, Maistre também fala como se os doutos soubessem mais do que nós, por meio das suas técnicas superiores: mas o que eles sabiam ainda eram, em algum sentido, "os fatos" - o objeto das ciências. São Tomás sabia incomparavelmente mais do que Newton, e com maior precisão e maior certeza, mas o que ele sabia era da mesma espécie. Porém, apesar desse aparente respeito pelas capacidades da teologia ou da ciência natural em descobrir a verdade, tais admissões se mantêm apenas formais, e é uma crença muito diferente que se expressa nas doutrinas positivas de Maistre e Tolstói. Tomás de Aquino é louvado por Maistre não por ser melhor matemático do que d'Alembert ou Monge; a virtude de Kutúzov, segundo Tolstói, não consiste em ser um teórico da guerra melhor, mais científico do que Pfuel ou Paulucci. Esses grandes homens são mais sábios, não mais doutos; são mestres não por causa do raciocínio dedutivo ou indutivo deles; a sua visão é mais "profunda", eles veem algo que os outros não conseguem ver; veem como segue o mundo, o que acompanha o quê e o que nunca acompanhará o quê; veem o que pode e o que não pode ser; como vivem os homens e para quais fins, o que fazem e sofrem, como e por que agem e devem agir, de tal e não de tal outra maneira.

Esse "ver" não fornece, a bem dizer, nenhuma nova informação sobre o universo; é uma percepção do jogo entre o imponderável e o ponderável, da "forma" das coisas em geral ou de uma situação específica, ou de um caráter determinado, o que é precisamente o que não pode ser deduzido ou sequer formulado em termos das leis da natureza exigidas pelo determinismo científico. Qualquer coisa que possa ser subsumida a tais leis pode ser e é objeto dos cientistas;

isso não requer "sabedoria"; e negar à ciência os seus direitos por causa da existência dessa "sabedoria" superior é uma invasão indevida do território científico e uma confusão entre as categorias. Tolstói, pelo menos, não chega a negar a eficiência da física na sua esfera própria; mas considera essa esfera trivial em comparação ao que está permanentemente fora do alcance da ciência, os mundos social, moral, político, espiritual, que não podem ser ordenados, descritos e previstos por qualquer ciência, e isso porque há neles uma proporção demasiado alta de vida "submersa" impossível de ser inspecionada. A percepção que revela a natureza e a estrutura desses mundos não é um mero substituto improvisado, um *pis aller* empírico a que se recorre apenas enquanto as técnicas científicas pertinentes não atingiram um grau suficientemente refinado; a sua atuação é totalmente distinta: ela faz o que nenhuma ciência pode alegar fazer; distingue entre o real e a impostura, entre o que tem e o que não tem valor, o que pode e o que não pode ser feito ou gerado, e isso sem dar bases racionais para as suas declarações, quando menos porque "racional" e "irracional" são termos que só têm uso e significado em relação a ela - por "brotar dela" - e não vice-versa. Pois o que são os dados de tal entendimento se não o solo último, o arcabouço, a atmosfera, o contexto, o meio (para usar a metáfora que seja mais expressiva) em que todos os nossos pensamentos e atos são sentidos, avaliados, julgados das inevitáveis formas como o são?

É a percepção sempre presente desse arcabouço - desse movimento dos acontecimentos ou do padrão variável das características - como algo "inexorável", universal, onipresente, que não é alterável por nós, não está no nosso poder ("poder" no sentido de que o progresso do conhecimento científico nos dá poder sobre a natureza), que estão na raiz do determinismo de Tolstói, do seu realismo, do seu pessimismo e do seu desprezo (e também de Maistre) pela fé que tanto a ciência quanto o senso comum corrente depositam na razão. Está "lá" - o arcabouço, a base de fundação de tudo - e somente o homem sábio tem uma percepção dele; Pierre o procura às apalpadelas; Kutúzov o sente nos ossos; Karatáiev está unido a ele. Todos os heróis de Tolstói têm pelo menos alguns relances intermitentes seus - e é ele que faz com que todas as explicações convencionais, as científicas, as históricas, as do "bom senso" irreflexivo pareçam tão ocas e, nas suas versões mais pretensiosas, tão despudoradamente falsas. O próprio Tolstói também sabe que a verdade está lá, e não "aqui" - não nas regiões passíveis de observação, diferenciação, imaginação construtiva, não ao alcance da percepção e análise microscópica em que ele é o maior mestre dos nossos tempos -, mas ele, pessoalmente, nunca esteve frente a frente com ela, pois, por mais que faça, não tem uma visão do todo; ele não é, está longe de ser, um ouriço; e o que ele vê não é o uno, mas sempre, com minuciosidade sempre crescente, em toda a sua borbulhante individualidade, com uma lucidez obsessiva, inescapável, incorruptível, onipercuciente que o enlouquece, o múltiplo.

VII

Somos parte de um esquema de coisas maior do que conseguimos entender. Não podemos descrevê-lo do mesmo jeito que descrevemos objetos externos ou o caráter de outros indivíduos, isolando-os um tanto do "fluxo" histórico em que têm o seu ser, e das suas partes "submersas" e insondadas a que, segundo Tolstói, os historiadores profissionais prestam pouca atenção; pois nós mesmos vivemos nesse e por esse todo, e temos sabedoria somente na medida em que fazemos as pazes com essa limitação. Pois a menos e até que assim façamos (apenas depois de grande e penoso sofrimento, a crermos em Ésquilo e no *Livro de Jó*), protestaremos e sofreremos em vão, e na negociação faremos o papel de uns pobres tolos (como fez Napoleão). Esse senso do fluxo circundante - quando desafiamos a sua natureza por estupidez ou jactancioso egotismo, condenamos os nossos atos e pensamentos à derrota - é a visão da unidade da experiência, do sentido da história, do verdadeiro conhecimento da realidade, da crença na sabedoria intransmissível do sábio (ou do santo) que, *mutatis mutandis*, é comum a Tolstói e a Maistre. O realismo deles é de tipo semelhante: inimigo natural do romantismo, do sentimentalismo e do "historicismo", tanto quanto do "cientificismo". O propósito de ambos não é distinguir o pouco que se conhece ou se faz entre o oceano ilimitado daquilo que, em princípio, pode ser ou um dia será conhecido ou feito, quer pelos avanços no conhecimento das ciências naturais, da metafísica ou das ciências históricas, quer por um retorno ao passado ou por algum outro método; o que eles procuram estabelecer são os limites eternos do nosso conhecimento e poder, demarcá-los entre o que, em princípio, nunca poderá ser conhecido ou alterado pelos seres humanos. Segundo Maistre, o nosso destino reside no pecado original, no fato de sermos humanos - finitos, falíveis, maldosos, vãos -, e no fato de que todo o nosso conhecimento empírico (em oposição aos ensinamentos da Igreja) está infectado pelo erro e pela monomania. Segundo Tolstói, todo o nosso conhecimento é necessariamente empírico - não existe outro -, mas ele nunca nos levará ao verdadeiro entendimento, apenas a um acúmulo de pedacinhos de informação arbitrariamente abstraídos; todavia, isso lhe parece (como a qualquer metafísico da escola idealista que ele desprezava) destituído de valor - e ininteligível, a não ser na medida em que deriva e aponta para tal - em comparação a esse tipo inexprimível, mas muito palpável de entendimento superior, que é o único que vale a pena procurar.

Às vezes Tolstói quase chega a dizer o que é: quanto mais sabemos sobre uma dada ação humana, diz-nos ele, mais inevitável, mais determinada ela nos parece ser. Por quê? Porque quanto mais sabemos sobre todas as condições e antecedentes pertinentes, mais difícil nos é dispensar várias circunstâncias e conjeturar o que poderia ter ocorrido sem elas; e, conforme prosseguimos removendo na nossa imaginação tudo o que sabemos ser verdade, fato por fato, isso se torna não apenas difícil, mas impossível. O significado do que está dizendo Tolstói não é obscuro. Somos o que somos, e vivemos numa dada situação que tem as características - físicas, psicológicas, sociais - que tem; o que pensamos, sentimos, fazemos, é condicionado por isso, inclusive a nossa capacidade de conceber alternativas possíveis, seja no presente, no futuro ou no passado. A nossa imaginação e capacidade de calcular, o nosso poder de conceber, digamos assim, o que poderia ter sido se o passado, neste ou naquele detalhe, tivesse sido diferente, logo chega aos seus limites naturais, limites criados tanto pela nossa débil capacidade de calcular alternativas - os "podia ter sido" - e (podemos acrescentar numa extensão lógica do argumento de Tolstói) ainda mais pelo fato de que os nossos pensamentos, os termos em que ocorrem, os próprios símbolos são o que são, são eles mesmos determinados pela estrutura real do nosso mundo. As nossas imagens e poderes de concepção são limitados pelo fato de que o nosso mundo possui certas características e não outras: um mundo diferente demais não é de maneira nenhuma (empiricamente) concebível; algumas mentes são mais imaginativas do que outras, mas todas se detêm em algum ponto.

O mundo é um sistema e uma rede: conceber os homens como seres "livres" é pensá-los capazes de ter agido, em alguma conjuntura passada, de modo diferente do que agiram; é pensar quais consequências teriam derivado dessas possibilidades não realizadas, e em que aspectos o mundo, em decorrência disso, teria sido diferente do que é agora. Já é bastante difícil fazer isso no caso de sistemas artificiais puramente dedutivos, como por exemplo o xadrez, em que as permutações são em número finito e de tipo claro - tendo sido assim dispostas por nós, artificialmente -, de modo que as combinações são calculáveis. Mas, se aplicarmos esse método à textura vaga e rica do mundo real e tentarmos entender as implicações deste ou daquele plano não concretizado ou desta ou daquela ação não realizada, do efeito disso sobre a totalidade dos acontecimentos posteriores - baseando-nos no conhecimento que temos das leis e probabilidades causais –, descobriremos que, quanto maior o número de causas "miúdas" que discernimos, mais assustadora se torna a tarefa de "deduzir" qualquer consequência da "remoção" de cada uma delas, uma por uma; pois cada consequência afeta todo o resto da incontável totalidade de coisas e acontecimentos, a qual, ao contrário do xadrez, não é definida como um conjunto finito e arbitrariamente escolhido de conceitos e regras. E se, seja na vida real ou mesmo no xadrez, começamos a alterar noções básicas – a continuidade do espaço, a divisibilidade do tempo e coisas do gênero –, logo chegaremos a um ponto em que os símbolos deixam de funcionar, os nossos pensamentos se tornam confusos e ficam paralisados. Por conseguinte, quanto maior o nosso conhecimento dos fatos e das suas conexões, mais difícil é conceber alternativas; quanto mais claros e precisos os termos – ou categorias – em que concebemos e descrevemos o mundo, mais fixa se mostra a estrutura do nosso mundo, menos "livres" parecem as ações. Conhecer esses limites, tanto da imaginação quanto, em última instância, do próprio pensamento, é estar diante do padrão unificador "inexorável" do mundo; entender a nossa identidade com ele, submeter-se a ele, é encontrar a verdade e a paz. Isso não é mero fatalismo oriental, nem o determinismo mecanicista dos renomados materialistas alemães da época, Büchner e Vogt, ou de Moleschott, tão profundamente admirado pelos "niilistas" revolucionários da geração de Tolstói na Rússia; tampouco é um anseio de integração ou iluminação mística. É escrupulosamente empírico, racional, sólido e realista. Mas a sua causa emocional é o ardoroso desejo de uma visão monista da vida por parte de uma raposa implacavelmente decidida a enxergar as coisas como um ouriço.

Isso está notavelmente próximo das afirmações dogmáticas de Maistre: devemos chegar a uma atitude de assentimento às exigências da história que são a voz de Deus falando por meio dos Seus servos e das Suas instituições divinas, não feitas por mãos humanas e não destrutíveis por elas. Devemos nos sintonizar com a verdadeira palavra de Deus, o "ir" interior das coisas; mas em que isso consiste nos casos concretos, como vamos conduzir a nossa vida privada ou as nossas políticas públicas - sobre isso, pouco nos dizem esses dois críticos do liberalismo otimista. E tampouco podemos esperar que nos digam. Pois a visão positiva lhes escapa. A linguagem de Tolstói - e não menos a de Maistre - está adaptada à atividade contrária. É ao analisar, identificar agudamente, marcar diferenças, isolar exemplos concretos, chegar ao cerne de cada entidade individual em si que Tolstói se eleva à plena altura do seu gênio; e analogamente Maistre obtém seus brilhantes efeitos ao pendurar e oferecer ao pelourinho público - por um *montage sur l'épingle*[1] - os absurdos cometidos pelos seus oponentes. Os dois são agudos observadores das variedades da experiência: todas as tentativas de representá-las falsamente ou de oferecer explicações enganosas, eles detectam de imediato e ridicularizam sem dó nem piedade. E, no entanto, os dois sabem que a verdade plena, a base última da correlação mútua entre todos os ingredientes do universo, o único contexto em que qualquer coisa que eles ou outros digam poderá ser falsa ou verdadeira, trivial ou importante, reside numa visão sinóptica que, por não a terem, não podem expressar.

O que foi que Pierre aprendeu, o que foi que se aceitou com o casamento da princesa Marie, o que foi que o príncipe Andrei procurou durante toda a vida com tanta angústia? Como Agostinho, Tolstói só pode dizer o que não foi. O seu gênio é devastadoramente destrutivo. Só consegue apontar para a sua meta desmascarando os falsos indicadores, isolar a verdade aniquilando tudo o que não é - a saber, tudo o que se pode dizer na linguagem clara e analítica que corresponde à claríssima visão, mas necessariamente limitada, das raposas. Como Moisés, ele precisa se deter nas fronteiras da Terra Prometida; sem ela, a sua jornada não tem sentido, mas não consegue chegar até lá; todavia, sabe que ela existe e pode nos dizer,

1 "Montagem num alfinete."

como nunca ninguém nos disse antes, tudo o que ela não é - acima de tudo, nada que a arte, a ciência, a civilização ou a crítica racional seja capaz de realizar.

Assim também com Joseph de Maistre. Ele é o Voltaire do reacionarismo. Estraçalha com feroz habilidade e malícia toda nova doutrina desde as eras da fé. Os impostores são desmascarados e abatidos um por um; o arsenal de armas contra doutrinas liberais e humanitárias é o mais eficiente que já existiu. Mas o trono continua vazio, a doutrina positiva é muito pouco convincente. Maistre suspira pela Idade das Trevas, mas, tão logo surgem planos para a anulação da Revolução Francesa - para uma volta ao *status quo* anterior - sugeridos pelos seus colegas *émigrés*, ele ataca tais planos como pueril tolice - uma tentativa de se comportarem como se aquilo que ocorreu e mudou irreversivelmente a todos nós nunca tivesse existido. Tentar reverter a Revolução, escreveu ele, era como ser convidado a drenar o lago de Genebra engarrafando as suas águas numa adega de vinhos.[1]

Não há qualquer parentesco entre ele e os que realmente acreditavam na possibilidade de algum tipo de retorno - neomedievalistas que iam de Wackenroder, Görres e Cobbett a G.K. Chesterton, eslavófilos, distributivistas, pré-rafaelitas e outros românticos

---

1 Carta a Vignet des Étoles, 9 de dezembro de 1793, OC ix 58.

nostálgicos; pois ele acreditava, como também acreditava Tolstói, no exato contrário: no poder "inexorável" do momento presente, na nossa incapacidade de acabar com a soma de condições que determinam cumulativamente as nossas categorias básicas, uma ordem que nunca podemos descrever inteiramente ou, a não ser por alguma percepção imediata dela, vir a conhecer.

A disputa entre esses tipos rivais de conhecimento - o que resulta da investigação metódica e o mais impalpável, que consiste no "senso de realidade", na "sabedoria" - é muito antiga. E de modo geral reconhece-se que as alegações de ambos têm alguma validade: os choques mais intensos se referem à linha precisa que marca a fronteira entre os seus respectivos territórios. Os que fazem a grande defesa do conhecimento não científico são acusados pelos adversários de irracionalismo e obscurantismo, de deliberada rejeição dos critérios públicos de verdade comprovável em favor das emoções ou de preconceitos cegos; e por sua vez acusam os oponentes, os ambiciosos paladinos da ciência, de fazerem alegações absurdas, de lançarem falsas prospecções, de se porem a explicar a história, as artes ou os estados da alma individual (e também de mudá-los) quando é plenamente evidente que sequer começaram a entender o que são; quando os resultados dos seus labores, mesmo quando não são inúteis, tendem a tomar rumos não previstos e amiúde catastróficos - e tudo isso porque, sendo obstinados e presunçosos, não admitem que em demasiadas situações há demasiados fatores que são sempre desconhecidos e impossíveis de descobrir pelos métodos da ciência natural. Melhor, sem dúvida, não fingir calcular o incalculável, não fingir que existe um ponto de Arquimedes fora do mundo, de onde se pode medir e alterar tudo; melhor usar em cada contexto os métodos que parecem se adequar melhor a ele, que dão os melhores resultados em termos pragmáticos; resistir às tentações de Procrusto; distinguir, acima de tudo, o que é isolável, classificável e passível de estudo objetivo, e às vezes de medição precisa e manipulação, e diferenciá-lo dos traços mais permanentes, ubíquos, inescapáveis, intimamente presentes do nosso mundo, que, quando menos, são extremamente familiares, de modo que a sua pressão "inexorável", sempre nos acompanhando em demasia, quase nem se sente, quase nem se nota, e escapa a qualquer possibilidade concebível de ser observada em perspectiva, de ser um objeto de estudo.

Esta é a distinção que permeia o pensamento de Pascal e Blake, Rousseau e Schelling, Goethe e Coleridge, Chateaubriand e Carlyle; de todos os que falam das razões do coração ou da natureza moral ou espiritual dos homens, de sublimidade e profundidade, da percepção "mais profunda" de poetas e profetas, de tipos especiais de entendimento, de abrangência interior ou de unidade com o mundo. É com esses pensadores que Tolstói e Maistre se alinham. Tolstói coloca a culpa de tudo na nossa ignorância das causas empíricas, e Maistre no abandono da lógica tomista ou da teologia da Igreja Católica. Mas essas profissões de fé explícitas são desmentidas pelo tom e pelo conteúdo do que os dois grandes críticos de fato dizem. Ambos ressaltam reiteradamente o contraste entre o "interior" e o "exterior", a "superfície" que, apenas ela, é iluminada pelos raios da ciência e da razão, e as "profundezas" - "a vida real vivida pelos homens". Para Maistre, como depois para Barrès, o verdadeiro conhecimento - a sabedoria - consiste num entendimento e na comunhão com *la terre et les morts*[1] (o que tem isso a ver com a lógica tomista?) - o grande movimento inalterável criado pelos elos entre os mortos, os vivos, os ainda não nascidos e a terra onde vivem; e é isso, talvez, ou algo parecido que Burke e Taine, cada qual à sua moda, bem como os seus vários imitadores, tentaram transmitir.

Quanto a Tolstói, tal conservadorismo místico lhe era especialmente abominável, pois lhe parecia fugir

1 ["A terra e os mortos", *leitmotiv* nacionalista recorrente, utilizado por Barrès (e por escritores posteriores seguindo nos seus passos). Ver, p.ex., Maurice Barrès, *La Terre et les morts (sur quelles réalités fonder la conscience française)* ([Ligue de] La Patrie Française, Troisième Conférence) (Paris, [1899]).]

à questão central simplesmente reafirmando-a, envolta numa nuvem de pomposa retórica, como resposta. Mas ele também, no final, nos apresenta a visão, vagamente discernida por Kutúzov e Pierre, da Rússia na sua vastidão, e o que, como e quando ela poderia ou não poderia fazer ou sofrer - coisas que Napoleão e os seus conselheiros (que sabiam muitas coisas, mas não o que era pertinente à questão) não perceberam; e assim (embora eles tivessem um conhecimento da história, da ciência e das causas miúdas talvez maior do que o de Kutúzov ou de Pierre) foram devidamente levados à sua perdição. Os louvores de Maistre à ciência superior dos grandes soldados cristãos do passado e as lamentações de Tolstói pela nossa ignorância científica não devem enganar ninguém quanto à natureza do que eles estão efetivamente defendendo: a percepção das "correntes profundas", das *raisons de coeur*,[1] que na verdade não conheciam pessoalmente por experiência direta, mas ao lado das quais, acreditavam eles convictamente, os recursos da ciência não passavam de uma armadilha e de uma ilusão.

Apesar da profunda dissemelhança e, na verdade, da violenta oposição mútua, o realismo cético de Tolstói e o autoritarismo dogmático de Maistre são irmãos de sangue. Pois ambos brotam de uma agoniada crença numa visão única e serena, em que

1 ["razões do coração".]

todos os problemas são resolvidos, todas as dúvidas se acabam, a paz e o entendimento são finalmente alcançados. Privados dessa visão, eles dedicaram todos os seus enormes recursos, a partir das suas posições muito diferentes e, de fato, muitas vezes incompatíveis, à eliminação de todos os possíveis críticos e adversários dela. A fé por cujas mera possibilidade abstrata eles lutavam não era a mesma. Foi o difícil transe em que se encontravam e que os levou a dedicarem as suas forças durante toda a vida à tarefa de destruição, foram os seus inimigos comuns e a grande semelhança entre os temperamentos de ambos que os tornaram inequívocos aliados numa guerra em que ambos conscientemente batalharam até o último dia das suas existências.

VIII

Opostos como eram Tolstói e Maistre - um o apóstolo do evangelho de que todos os homens são irmãos, o outro o frio defensor da violência, do sacrifício cego e do sofrimento eterno -, unia-os a incapacidade de escapar ao mesmo paradoxo trágico: ambos eram por natureza raposas de olhar arguto, inevitavelmente cientes das puras diferenças práticas que dividem e das forças que abalam o mundo humano, observadores absolutamente incapazes de ser enganados pelos múltiplos artifícios sutis, pelas crenças, ciências e sistemas unificadores com que os superficiais ou os desesperados procuram ocultar o caos a si mesmos e aos outros. Ambos procuravam um universo harmonioso, mas por todo lado encontravam guerras e desordens, que nenhuma tentativa de trapaça, por mais disfarçada que fosse, sequer conseguiria começar a ocultar; assim, numa condição de desespero extremo, dispuseram-se a abandonar as terríveis armas da crítica com que ambos, mas em especial Tolstói, eram mais do que generosamente dotados, em favor da grande visão única, algo indivisivelmente simples e distante demais dos processos intelectuais normais para ser vulnerável aos ataques dos instrumentos da razão e talvez, portanto, oferecendo um caminho para a paz e a salvação.

Maistre começou como um liberal moderado e terminou pulverizando o novo mundo oitocentista a partir da cidadela solitária da sua variante pessoal do catolicismo ultramontano. Tolstói começou com uma concepção da história e da vida humana que contradizia todo o seu conhecimento, todos os seus dotes, todas as suas inclinações e que, por conseguinte, mal se poderia dizer que ele a adotara, no sentido de praticá-la, fosse como escritor ou como ser humano. Disso ele passou, na velhice, para uma forma de vida em que tentava solucionar a flagrante contradição entre o que acreditava em relação aos seres humanos e aos acontecimentos, e o que pensava acreditar, ou devesse acreditar, vindo a se comportar, no final, como se tais perguntas fatuais não fossem de forma alguma as questões fundamentais, apenas as preocupações triviais de uma vida ociosa e mal conduzida, ao passo que as perguntas reais eram muito diferentes. Mas não adiantou: não há como enganar a Musa. Tolstói era o menos superficial dos homens: não podia nadar com a maré sem ser irresistivelmente atraído abaixo da superfície para investigar as profundezas mais escuras; e não conseguia deixar de ver o que via e mesmo disso duvidar; podia fechar os olhos, mas não esquecer que estava de olhos fechados; a sua percepção espantosa e destrutiva da falsidade frustrou esse esforço final de autoengano, como fizera com todos os anteriores, e morreu em agonia, oprimido pelo peso da sua infalibilidade intelectual e do seu senso de perpétuo erro moral, o maior dentre os que não conseguem reconciliar nem deixar irreconciliado o conflito entre o que é e o que deveria ser.

O senso de realidade de Tolstói foi, até o fim, devastador demais para ser compatível com qualquer ideal moral que lhe foi possível construir a partir das lascas em que o seu intelecto fragmentara o mundo, e ele dedicou toda a imensa força do seu intelecto e da sua vontade à negação desse fato ao longo da vida. Ao mesmo tempo insanamente orgulhoso e abominando a si mesmo, onisciente e duvidando de tudo, frio e violentamente passional, desdenhoso e autodepreciativo, atormentado e distanciado, cercado por uma família que o adorava, por seguidores devotados, pela admiração de todo o mundo civilizado e, no entanto, quase inteiramente isolado, ele é o mais trágico dos grandes escritores, um velho desesperado, para além do auxílio humano, vagueando semicego em Colono.

APÊNDICE À SEGUNDA EDIÇÃO

Provavelmente sou uma raposa; não sou um ouriço.
Isaiah Berlin[1]

IB SOBRE OR

A Edmund Wilson, 1º de setembro de 1951

O tema central deriva da proposição de Arquíloco - um fragmento avulso - que creio ter citado para você em Cape Cod em que ele diz "a raposa sabe muitas coisas; mas o ouriço sabe só uma grande coisa". E isso, imagino eu, quer dizer apenas que a raposa tem muitos expedientes, mas o ouriço só um, que vale por todos e não pode ser captado. Mas talvez

1 Entrevista em fevereiro de 1993, para "Isaiah Berlin: Ein Porträt", de Andreas Isenschmid, transmitida em 24 de setembro de 1993 pela Swiss Radio DRS, Studio Zürich, canal DRS2.

não seja descabido demais dividir os escritores em raposas (Shakespeare, Goethe, Aristóteles & outros que veem muitas coisas) e ouriços que veem só uma coisa grande geralmente incompleta (Platão, Pascal, Proust, Dostoiévski, Henry James etc.), em todo caso não é pior do que ingênuo x sentimental & outras dessas categorias & dicotomias. Tolstói eu afirmo que era por natureza & dotes uma raposa que acreditava tremendamente em ouriços & queria se vivissectar e se tornar um deles. Daí a rachadura dentro dele que todo mundo conhece. Isso tentei desenvolver, parcialmente, em termos não de Stendhal ou Rousseau, os seus inspiradores oficiais, mas de Joseph de Maistre, que é um tipo de homem pseudocatólico nietzschiano muito mais interessante do que se costuma pensar.

Ao seu editor americano Lincoln Schuster, 13 de junho de 1953

Sinto naturalmente enorme prazer que você tenha em tão alto parecer *O ouriço e a raposa*, e espero que não se revele um desastre financeiro para você. Enquanto isso acrescentei mais duas seções ao original que apareceu no volume de *Slavonic Studies* de Oxford.[1] Espero que elas não estraguem muito o restante. Abordam o que Tolstói e De Maistre queriam dizer com conceitos

---

1 Na verdade, *Oxford Slavonic Papers*.

como "inexorável" e "inevitável", e dão uma presença um pouco maior a De Maistre dentro do quadro que lhe valeu aquele lugar no subtítulo,[1] que sem isso ficava um pouco estranho. Existe mais alguém no mundo, além de você e de mim, que *não* acha que os longos epílogos e digressões filosóficas de Tolstói são interrupções tediosas da narrativa? Típicas amostras russas caseiras e amadoras de filosofia excêntrica?

À sua ex-aluna e amiga Shiela Sokolov Grant, 29 de janeiro de 1954

As pessoas parecem encontrar obscuridades no *Ouriço*. A mim ele parece tremendamente claro a ponto de ser uma mera platitude.

A H. Paul Simon, University of Toronto, 27 de maio de 1971

Acho que você realmente crê que prefiro as raposas aos ouriços, mas não é o caso. Não existe poeta maior do que Dante, filósofo maior do que Platão, romancista mais profundo do que Dostoiévski; mas, claro, a mim parece que eram ouriços, e, embora eu realmente pense que eles eram unitaristas fanáticos – e que isso pode levar a consequências desastrosas na vida social, pessoal e política –, este pode ser o preço a

1 Maistre, no caso, não apareceu no subtítulo.

pagar por formas de gênio que podem muito bem ser mais profundas do que qualquer outra. Posso ter mais simpatia pessoal pelas raposas; posso pensar que elas são politicamente mais esclarecidas, tolerantes e humanitárias; mas isso não implica que tenham mais valor – se é que tais comparações entre incomensuráveis tenham algum sentido.

A R. Errera da editora Calmann-Levy, 23 de janeiro de 1973

The Hedgehog and the Fox – Le Hérisson et le renard: essai sur le philosophie d'histoire de Léon Tolstoi, que, quaisquer que sejam os seus méritos, é, desconfio eu, o mais lido de todos os meus livros, tanto na Inglaterra quanto nos Estados Unidos [...].

A Leon Edel, 17 de setembro de 1985

[A] ideia [no diário de Edmund Wilson] de que o último trecho do meu ensaio sobre Tolstói seja realmente autobiográfico e que, "como todos os judeus sérios", anseio em ser um ouriço, simplesmente não é verdade [...].

Edmund Wilson tinha escrito:

Falei para [A.J.P.] Taylor, quando terminou, que eu tinha entendido mal Isaiah. "É muito fácil entendê-lo mal", disse Taylor de forma concisa e expressiva. Até então eu não tinha visto a resenha de Taylor sobre *O ouriço e a raposa* na revista *New Statesman*, que lançava uma sombra em Isaiah. Falei do livro para Taylor quando estávamos saindo da palestra, e ele falou que achava que Isaiah, quando não conseguia entrar no assunto, tentava forçar as coisas "com uma explosão de palavras", e que era isso o que ele tinha dito [na resenha]. Há algo aí, penso eu – eu tinha sentido na noite anterior, quando a conversa ficou filosófica, como antes tinha sentido algumas vezes com Isaiah, que a gente tem a impressão de que, em alguns momentos, ele está escavando o fundo quando embarca nos baixios da sua mente; mas é evidente que Taylor, na tradição inglesa simples, não consegue apreciar o que em Oxford chamam de "o lado délfico" de Isaiah, que é também o lado profético judaico. Achei que o final do ensaio sobre Tolstói, que para Taylor é uma mera torrente de palavras, foi na verdade muito bem realizado: ele está falando dos seus próprios problemas: vive em grande medida a vida da raposa, mas, como todos os judeus sérios, aspira à unidade do ouriço.[1]

---

1 Edmund Wilson, *The Fifties: From Notebooks and Diaries of the Period*, org. Leon Edel (Nova York, 1986), 139.

RESENHA DE A.J.P. TAYLOR

Isaiah Berlin habita naquela estranha área de fronteira, a história das ideias, em especial das ideias expostas na literatura, e às vezes fica-se com a impressão de que ele tem mais ideias do que todos os autores históricos que se põe a elucidar. Era, sem dúvida, nele que Voltaire pensava ao observar espirituosamente: "não é literatura, nem ideias, nem história".[1] Parecendo em certa medida um espetáculo intelectual, apropriadamente publicado em novembro,[2] o sr. Berlin é pródigo com os seus talentos. Neste livreto de oitenta páginas, ele aborda uma quantidade de assuntos que outro homem levaria a vida toda para tratar, embora decerto o autor agora já esteja no rastro de algo totalmente diferente.

O seu ensaio anuncia tratar da concepção de história de Tolstói. Mas começa com uma ideia perspicaz sobre a pessoa de Tolstói. Dividamos os escritores entre ouriços e raposas. "A raposa sabe muitas coisas,

1 Não localizado.

2 No original: "Something rather in the nature of an intellectual firework display, appropriately published in November [...]". Taylor usa a expressão *intellectual firework* para elogiar a obra de Berlin, mas também se aproveita do fato de *firework* significar "fogos de artifício" para, em seguida, rememorar a comemoração com fogos de artifício na chamada "Noite de Guy Fawkes", que acontece justamente em 5 de novembro, na Inglaterra. N.T.

mas o ouriço sabe só uma grande coisa." As raposas saem em caça de tudo no mundo, nunca tendo como meta um ponto único, nunca adquirindo uma visão única. O ouriço é dedicado e concentrado, para ele tudo deve girar em torno de um centro. É fácil concordar que os escritores recaem numa das duas classes, aqueles para os quais os céus se abriram e aqueles para os quais não se abriram. Púchkin, por exemplo, era uma raposa; Dostoiévski, um ouriço. Mas o que é Tolstói? O sr. Berlin dá uma resposta brilhante que o conduz ao longo de grande parte do ensaio: Tolstói era por natureza uma raposa, que acreditava ser um ouriço. Tinha um dom incomparável para criar um quadro da vida real, montando-o a partir de infindáveis detalhes de pessoas e acontecimentos; quando ele baixava a guarda, às vezes sugeria que, se pudéssemos conhecer cada minúscula ocorrência, entenderíamos as causas dos acontecimentos. Mas, quando se recompunha e se tornava consciente, considerava ruim essa concepção. Em algum lugar devia estar o segredo do universo, que era mais do que a soma das suas partes. Esse segredo sempre lhe escapava, e ele se tornava mais destrutivo frente às respostas dadas por outros, porque não conseguira encontrar uma resposta por si mesmo.

O leitor experiente de *Guerra e paz* considerará a explicação convincente. *Guerra e paz*, além de ser o maior romance histórico já escrito, é também uma obra de propaganda. Pretende mostrar que os homens nunca têm o controle dos acontecimentos e, de fato, quanto mais tentam controlá-los, mais fúteis se tornam. Napoleão é o alvo de zombaria de *Guerra e paz*; Kutúzov, aguardando que os acontecimentos decidam as coisas por ele, é o santo. Mas Tolstói burlou os registros históricos, como o sr. Berlin deixa claro. Eliminou qualquer coisa que fosse favorável a Napoleão, e traçou um retrato de Kutúzov que, como ele próprio sabia, não tinha qualquer relação com o indivíduo real. O Kutúzov de *Guerra e paz* não é uma figura histórica. É um símbolo do homem verdadeiramente sábio que discerne a natureza subjacente do universo. Ele é o que Tolstói queria ser e nunca conseguiu.

De onde Tolstói tirou essa doutrina da verdade subjacente? Esta é a segunda ideia do sr. Berlin: tirou de Maistre. O sr. Berlin mostra que muitos dos detalhes históricos vêm da correspondência de Maistre [i.é, *Soirées*]. Além disso, Maistre, o aristocrata reacionário, era cético em relação ao mundo moderno. Duvidava de todos os seus valores, mas sabia que não havia retorno. Tolstói levou isso avante, até o total "negativismo".[1] Estraçalhava todas as explicações fáceis dos seus contemporâneos e insinuava que somente ele detinha a resposta; no entanto, não a revelou e nem sequer a encontrou. Esta é uma concepção

1 Ver 39 acima.

da história apenas em sentido muito abstrato. O pobre historiador prosaico não tem competência para tanto. A história é o registro da conduta das pessoas, e devemos nos contentar com isso. Pelo menos é tudo o que temos. Se você quiser algo mais, pergunte ao filósofo ao velho estilo, agora quase extinto neste país. E, nisso, o sr. Berlin nos atende. O sopro divino desce sobre ele. As frases vão ficando cada vez mais longas, o pensamento vai voando cada vez mais alto, e o que havia começado como um ensaio de crítica literária acaba como um pronunciamento do Apolo délfico.[1]

A CORUJA E O GATO

John Bowle

Com um pedido de desculpas ao sr. Isaiah Berlin,
ao ouriço e à raposa

Para os que forem procurar, há duas espécies de animais que, ao que dizem, frequentam o campo inglês.[2]

---

1 "Thoughts on Tolstoy", *New Statesman and Nation*, 12 de dezembro de 1953, 768.

2 Ver Boguslávski, Bogomov e Bor, *Ocherki po izucheniyu prirody zhivotnykh cheloveka* (Yogurt Press, Tashkent, 1936). [O título satírico russo significa "Ensaios sobre o estudo da natureza dos animais humanos".]

De um lado, umas criaturas esquisitas de duas pernas - redondas, penugentas, geralmente silenciosas; predadoras, mas tímidas, que voam pelo ar num estranho noctambulismo, às quais os biólogos atribuem visão noturna, sábias, fantasmagóricas, misteriosas, distanciadas; de outro lado, criaturas quadrúpedes, igualmente vorazes, mas ardilosas, não tímidas; sazonalmente amorosas e então vigorosamente sonoras; dotadas de bizarra autossuficiência e mesmo de um suave encanto, mas profunda e fundamentalmente envolvidas no mundo efêmero dos fenômenos - *strug forlifers*,[1] militantes, engajadas.

Nessas divisões - o distanciado e o *engagé* -, talvez se possam classificar todos os grandes filósofos. Hegel, claro, com a sua estranha eloquência nebulosa, as suas metáforas vívidas, mas artificiais - a *Innigkeit* da sua *Vierjahrzeitung* era sem dúvida uma coruja, uma coruja de Minerva, sob cujas asas a *Weltgeschichte* da *Weltanschauung* seguia fluindo e ondulando,[2] virando e girando em espirais incríveis e conscientes, em turbilhões rodopiantes e convoluções barrocas dentro de

---

1 ["Aliás, você sabia que em francês há uma palavra francesa encantadora, 'lifestruggler'? é um conceito bem claro, & não sei se você não iria gostar". IB a Jenifer Hart, 25 de fevereiro de 1936.] [*Strug forlifers*, em tradução literal, "lutadores pela sobrevivência". N.E.]

2 "Soltando vapor e perambulando" no texto alternativo, mas provavelmente corrupto.

uma eternidade de silêncio. Mas destinada, só por causa do seu anseio interior, a contradizer e transcender a frustração terrena que o outro animal, polar,[1] simboliza. Du Plessis-Saaregemines, aquele pensador febril e injustamente negligenciado,[2] em contraste, era com certeza um gato. Pelo desenvolvimento sadio e vigoroso da sua prosa analítica - inquisitiva, profunda, mas prática para uma solução certeira, e ainda assim atávica -, pela determinação felina de alcançar o seu fim por qualquer meio, pela oca prolixidade aveludada que marca o ágil ritmo gálico da sua prosa, pela precisão das suas garras displicentes - e, no entanto, afiadas. Andando sempre sozinho por avenidas de uma introspecção profunda, porém já empenhado numa proporção equilibrada entre uma contradição construtiva e os fatos brutos, esse filósofo espantosamente opaco sempre conseguia, com a sua aguda percepção pressaga, enxergar tanto as árvores quanto a floresta - e até sentir, pulsando sob as folhas de outono que o seu passo delicado mal agitava, a vida complexa, elaborada, mas indubitavelmente murídea para a qual ele era o próprio destino encarnado.

Voltando à nossa contradição original, simbolizada por essas criaturas discrepantes, qual é o sentido

1 Não confundir com ursos.

2 Descoberto pelo professor Knout nos recessos do Third Programme.

dela para nós? Hegel ou Du Plessis - ou nenhum dos dois? Se, na amplitude e aceleração do nosso argumento, agarramos o símile, torcemo-lhe o pescoço, torcemo-lo fora, tocamos[1] os nossos sinos, as nossas mãos e o nosso coração, qual é a última gota de significado que podemos pegar? Bem pode ser o seguinte. Apesar da profunda contradição entre a Coruja e o Gato - o distanciamento, a qualidade penugenta, evasiva, ovanescente, subjetiva, obscura, efêmera da Coruja; a forma de experiência terrena, profundamente sensual, condicionada a caminhar por telhados, cética, objetiva do Gato -, não encontraremos - como entre Hegel e Plessis - alguma afinidade comum a ambos que os distingue pelo menos de nós mesmos? Se for possível tal distinção, se se resolver a contradição, poderemos combinar Hegel e Plessis, Kant e Hume, Bergson e Moore, Existencialismo e Positivismo Lógico, Dialética e Pareto. Toda a nossa especulação se demonstrará de plena e fecunda pertinência.

Pois se, em busca desse algo - comum a eles, mas não comum a nós - usufruído por eles, mas do qual estamos todos nós privados *a priori*, intuído por ambos, mas a nós inatingível, prosseguimos durante a noite numa floresta escura, o que, dentro das experiências do corpo-mente de Oblônski, sentimos?

---

1 Ou "torcemos"?

Sentimos perplexidade, cansaço, irritação, falta de propósito. Muito melhor, pensamos nós, continuar dentro dos limites da nossa experiência nativa - no mundo do gramofone e do ditafone, do aquecedor e da máquina de escrever, da esponja de banho e do sofá. Melhor para nós, sentimos enquanto vamos tropeçando nos escuros antros noturnos dos dois animais, o mundo da luz. Pois, apesar do nosso engenho, dos nossos antecedentes empiricamente condicionados, da nossa intuição psicofísica, dos nossos relances de percepção, somos obrigados a concluir que, em comparação à Coruja e ao Gato - e aos filósofos que representam -, descobrimos, dentro daquele ambiente escuro que é a *raison d'être* deles, o seu *modus operandi*, o seu próprio modo de ser e vir a ser, que a nossa própria visão é total e absolutamente, feliz e gloriosamente opaca.[1]

PRESO LÁ EM ALL SOULS

Fui a Oxford uns quinze dias atrás para conversar com o filósofo Isaiah Berlin, que escreveu aquele livro sobre Tolstói - o do ouriço. Falei da minha ideia para o filme [de *Guerra e paz*], e ele disse que parecia ótima. Ia me conceder alguns minutos às 11 da manhã,

1 *Punch*, 24 de fevereiro de 1954, 164.

e às 4 da tarde ainda estávamos papeando. [...] Falei a Berlin que o *showman* era ele, não eu, e ele me falou que o filósofo era eu, não ele. Um sujeito incrível, e não entendo como ele estava lá. Quer dizer, preso lá em All Souls.

Mike Todd[1]

MICHAEL IGNATIEFF CONVERSANDO COM IB

IB Era uma brincadeira, sabe; eu não estava falando sério. Tinha um sujeito chamado lorde Oxford, que está vivo,[2] e católico devoto, morando no campo, que conheci em Oxford nos anos 1930. Uma vez ele citou o verso de Arquíloco que dizia isso, e então ficamos brincando, no final dos anos 1930, sobre ouriços e raposas; e foi assim que a coisa ficou na minha cabeça, apenas como um *jeu d'esprit*. [...] E aí uma hora me ocorreu, no caso de Tolstói, que ele era um ótimo exemplo de ambos.

---

1 O cineasta Mike Todd de Todd-AO, "The Talk of the Town", *New Yorker*, 15 de janeiro de 1955, 20. Um cartão-postal de Fred(erick) Rau para IB, datado de 23 de janeiro de 1955, comenta: "Você devia ter mais cuidado com quem conversa & no futuro evitar o sr. Todd".

2 Morreu em 2011: ver também 46/2.

29 de abril de 1989

IB Você diz: "Berlin parece ser uma raposa que gostaria de ser um ouriço". Eu nunca quis isso. Nunca. Por que você pensa assim? Sou uma raposa muito contente em ser raposa. Falei isso sobre Tolstói, que ele é uma raposa que achava que era um ouriço; é muito diferente, e é disso que sou acusado por Perry Anderson, de ser uma raposa que é realmente um ouriço, porque tenho uma grande ideia central, [...] há algo unificador, e isso é totalmente errado, mas há algo de que estou sendo acusado, seja lá o que for. [...] Que tipo de ouriço sou eu na sua opinião? Qual é a minha visão unitária pela qual luto? Não o pluralismo ou liberalismo, todos esses valores conflitantes e todo o resto. Não é uma visão obsessiva. Não reduzo tudo a ela.

MI Não, se eu digo que você não é um ouriço, é pela razão óbvia: não acho que alguém que é um pluralista liberal pode ser um ouriço, por definição. [...] Com "ouriço", eu queria dizer outra coisa: creio que eu queria dizer [...] um profundo interesse emocional por aqueles que têm uma visão central, e uma perplexidade, um interesse psicológico por esse tipo de empenho.

IB Bom, só porque estudei esses assuntos, porque Karl Marx era um, Tolstói era um, e assim por diante; mas não, isso não me parece correto. Não tenho inveja, nem obsessão nem algum enorme interesse por pessoas com uma visão única; pelo contrário, penso que são gênios grandiosos, importantes, mas perigosos. [...] Realmente acho que podem ser gênios de primeira categoria. Pessoas que têm uma visão única do universo, como Dante ou Tolstói [...] - Tolstói não, na minha opinião, mas era desejo dele - mas tem pessoas com essa visão única do mundo, e podem ser admiráveis, mas não me atraem ou nem faço grandes objeções [a elas]. [...] Admiro-as e reconheço a importância ou o gênio delas. [...] Você deve estar pensando que tenho em algum lugar o desejo de juntar tudo isso. [...] Talvez você esteja certo, porque a pessoa não conhece a si mesma, mas o que estou lhe dizendo é que nunca me senti um ouriço na vida, nem nenhuma tentação de ser. Admiro ouriços - Toscanini é exatamente um herói desse tipo. Akhmátova era um ouriço. Ah, fico impressionado com eles, fico profundamente movido por eles, mas não com eles; e não ando no mesmo solo junto com eles. [É um] leitmotif na minha obra - o desejo humano de certeza é inabalável, nobre, incorrigível, altamente perigoso; isso sim. Nobre não sei, não tenho certeza de que seja; inabalável, incorrigível e perigoso, sim; talvez seja um caso de nobre nobre, um caso de ignóbil ignóbil. Não acho que Karl Marx fosse muito nobre: mais corajoso do que digno e merecedor de respeito. Mas nobre?

29 de abril de 1991

IB Então, depois de aprender a ditar em Washington - sempre achei muito penoso escrever -, comecei a ditar aqui [em Oxford], e achei muitíssimo mais fácil; e assim *O ouriço e a raposa* [...] foi ditado em dois dias. Isso aconteceu porque o *Oxford Slavonic Studies* [na verdade, *Oxford Slavonic Papers*] - não, eu tinha de fazer uma apresentação sobre um tema eslavo, que me foi dado pelo professor de russo, que eu conhecia, Konoválov,[1] docente do New College, e fiz a preleção. Ele falou: "Bom, se você puder escrever, eu gostaria de publicar". Então escrevi, e aí ele rejeitou. Não estava no prazo. E aí alguém interveio e o texto foi poupado. Foi então publicado como "Notes about the Historical Scepticism of Lev Tolstoy" [na verdade, "Lev Tolstoy's Historical Scepticism"]. Nunca foi lido por ninguém naquela forma. [...] Alguém deve ter falado para [George] Weidenfeld. Ele deu uma olhada e achou que dava para publicar. [...] E aí Weidenfeld disse: "É curto demais. Não dá - um livreto seria

1 Serguei Konoválov (1899-1982), professor de russo, Oxford, 1945-1967.

um pouco mais longo". Então alonguei um pouco - acrescentei algumas coisas - e foi isso.

5 de junho de 1994

COMENTÁRIOS POSTERIORES

Os excertos abaixo foram selecionados entre o arquivo de materiais do editor sobre Berlin. Não se procedeu a nenhuma tentativa de localizar passagens especialmente interessantes entre a imensa literatura secundária sobre o ensaio de Berlin (exercício para uma outra hora, talvez).

[Berlin] descobriu que era um ouriço com uma só grande ideia central apenas porque todo mundo estava lhe dizendo que ela estava ali.

Michael Ignatieff[1]

"A raposa sabe muitas coisas, mas o ouriço só uma grande coisa." Berlin trouxe fama ao verso de Arquíloco por usá-lo como metáfora para distinguir (digo isso

1 "Berlin in Autumn", in Michael Ignatieff *et al.*, *Berlin in Autumn: The Philosopher in Old Age (Occasional Papers of the Doreen B. Townsend Center for the Humanities*, 16) ([Berkeley, 2000: Doreen B. Townsend Center for the Humanities]), 15. Cf. George Crowder, *Isaiah Berlin: Liberty and Pluralism* (Cambridge, 2004), 148.

em termos grosseiros) entre os fanáticos unicentrados e aqueles que acolhem a "embriaguez com a variedade das coisas" de MacNeice.[1] Steven Lukes propõe uma tipologia das raposas e dos ouriços berlinianos e nela inclui Berlin como "uma raposa empirista, realista, objetivista, anti-irracionalista, antirrelativista". Tudo bem, embora a discussão interminável sobre o local exato onde se colocaria Berlin no continuum erináceo/vulpino seja, citando os termos do próprio Berlin quanto ao resultado de forçar demais a distinção, "artificial, escolástica e, em última análise, absurda".

Henry Hardy[2]

O famoso ensaio de Berlin sobre Tolstói, mais conhecido (e citado) pela sua distinção entre *O ouriço e a raposa*, é uma análise da concepção de história de Tolstói; a potência, a motivação e a energia do

---

1 Louis MacNeice, "Snow", final da segunda estrofe, que começa: "World is crazier and more of it than we think, / Incorrigibly plural" ["O mundo é mais louco e, mais do que pensamos,/ Incorrigivelmente plural"].

2 "Thoughts of Taj Mahal will leave you as drunk as a fox", resenha de Mark Lilla, Ronald Dworkin e Robert B. Silvers (orgs.), *The Legacy of Isaiah Berlin* (Nova York, 2001: New York Review Books), *Times Higher Education Supplement*, 30 de novembro de 2001, 24-5. A citação de Lukes está à p. 21 daquele livro, e a de Berlin à p. 27 deste.

ensaio vêm menos da metáfora de abertura e mais da penetrante percepção de Berlin sobre a luta interior de Tolstói entre o seu "senso de realidade"[1] natural - o da "raposa" que "sabe muitas coisas" e tem clara consciência das facetas múltiplas da vida em toda a sua efetiva distinção, e que resiste a todas as tentativas de simplificação e sistematização - e o seu desejo de uma concepção simples, unificada, harmoniosa da vida como um todo. Esse conflito irreconciliável entre instintos e aspirações, que Tolstói enfrentou e não conseguiu resolver, acabou por torná-lo uma figura atormentada e trágica, como Berlin explica com grande força na magnífica conclusão do ensaio.

Joshua Cherniss e Henry Hardy[2]

[Berlin] adorava classificar os indivíduos no espírito de uma brincadeira de grupo. [...] Na grande maioria das vezes, havia duas categorias, e duas só: você era, no final das contas, ou um conservador ou um radical, digamos; você era ou um ouriço ou uma raposa; você era ou um bispo ou um corretor de apostas - ele

1 Ver 11/1 acima.

2 "A Philosophy for Our Time", AllLearn (Alliance for Lifelong Learning), curso on-line sobre IB, 2005.

era inesgotavelmente fértil nos seus "dois tipos" de distinções. Isso gerou uma piada em relação a ele: "O mundo se divide em dois tipos de pessoas: as que pensam e as que não pensam que o mundo se divide em dois tipos de pessoas".

Bryan Magee[1]

A expressão associada à concepção de mundo e da humanidade de Berlin talvez mais conhecida é a usada como título do seu ensaio *O ouriço e a raposa*. Vem de um fragmento da poesia grega de Arquíloco: "A raposa sabe muitas coisas, mas o ouriço sabe só uma grande coisa." Ao aplicar esse dito aos grandes atores da história, Berlin não estava elogiando um animal e condenando o outro. Todos têm em si uma combinação de ambos, embora em proporções e interações diferentes. Nesse sentido, o provérbio não é um adesivo que se cola na vida - o que é muito apropriado, visto que Berlin desconfiava de slogans e fórmulas mágicas. Apesar disso, ele tinha a sua grande ideia única - o seu ouriço pessoal - e era (também muito apropriadamente) paradoxal: cuidado com

1 "Isaiah As I Knew Him", in Henry Hardy (org.), *The Book of Isaiah: Personal Impressions of Isaiah Berlin* (Woodbridge, 2009), 53.

as grandes ideias, principalmente quando caem nas mãos de dirigentes políticos.

Strobe Talbott[1]

NOTA EDITORIAL EM CONCLUSÃO

Recentemente, Ewen Bowie lançou uma nova luz sobre o possível significado do fragmento,[2] sugerindo que o verso pode provir de um poema em forma de diálogo entre Arquíloco e uma mulher que ele está tentando seduzir. O verso teria sido proferido pela mulher, que está dizendo que a raposa (Arquíloco) pode ter muitas astúcias sedutoras à sua disposição, mas que ela (o ouriço) tem um dispositivo decisivo no seu arsenal, o de se enrolar numa bola, impedindo-o de penetrar nela (pelo menos frontalmente).

---

1 Prefácio a Isaiah Berlin, *The Soviet Mind: Russian Culture under Communism*, org. Henry Hardy (Washington, 2004), xiii.

2 Comunicação pessoal, 2012. Ver também Paula Corrêa, "The Fox and the Hedgehog", *Phaos* 1 (2001), 81-92 (ver 90-1), revisto como "A raposa e o porco-espinho (201)" in id., *Um bestiário arcaico: fábulas e imagens de animais na poesia de Arquíloco* (Campinas, 2011: Editora da Unicamp), 163-78 (ver 175-8); e Luca Bettarini, "Archiloco fr. 201 W.: meglio volpe o riccio?", *Philologia antiqua* 2 (2009), 45-51, à 49.

A palavra grega para ouriço também pode ter sido usada referindo-se aos órgãos genitais femininos, o que daria apoio a essa interpretação. A hipótese de Bowie se baseia em dois fragmentos de papiro (publicados inicialmente em 1954 e 1974), em que há um poema iâmbico montado em torno de uma conversa entre Arquíloco e uma mulher que ele está seduzindo.[1] O que sugere que Arquíloco se apresente como raposa e não como ouriço é a sua visível identificação pessoal com uma raposa em poemas que exploram a fábula da raposa e da águia (fragmentos 172-81) e a da raposa e do macaco (fragmentos 185-7).

A hipótese de Bowie é mencionada num artigo de Paula Corrêa, que conclui sabiamente: "Para quem o lê [o fragmento] hoje, isolado de qualquer contexto, ele se fecha como um porco-espinho, e talvez nem com toda a astúcia alguém consiga penetrá-lo sem lhe fazer violência".[2]

1 West, *op. cit.* (25/1) fragmentos 23 e 196A.
2 Corrêa, *op. cit.* (172/2) 91 (178).

ÍNDICE REMISSIVO

Seja um leitor preferencial Record.
Cadastre-se no site www.record.com.br
e receba informações sobre nossos lançamentos
e nossas promoções.

Atendimento e venda direta ao leitor:
sac@record.com.br

Impresso no Brasil
2025

Este livro foi composto na tipografia Latienne Pro,
em corpo 11,5/15,7, e impresso em
papel off-white no Sistema Cameron da
Divisão Gráfica da Distribuidora Record.